阪南大学叢書 127

現代中国の産業振興策の推進力

―中央政府・地方政府・国有企業の政策協調―

酒向浩二［著］

文眞堂

はじめに

産業振興策，この言葉は古くて新しい。国家が産業振興の計画を策定し，財政的な手厚い支援を行う時代は過ぎ去り，民営企業[1]の活力に委ねるべきというのが，1978 年の中国の経済開放，さらには，1989 年のベルリンの壁崩壊，1991 年の旧ソ連崩壊以降，世界の大きな潮流となってきた。国有セクターは非効率で民営化が必須，そのような潮流が，いわば常識であった。国有セクターのウェイトが高い国は，主に社会主義国家であり，旧ソ連崩壊以降にその代表格となった中国においてもまた，表層的には国有セクターの改革が一貫してうたわれてきた。日米欧では，政府を挙げての産業振興策は，経済自由化の潮流のなかで死語とすらなっていた感がある。

ところが，21 世紀に入って 20 年も経って，体制としては社会主義を続け，改革を経てもなお国有セクターのウェイトが高い中国の産業振興策が徐々に世界を揺るがすようになり，それに対抗する形で日米欧でも，産業振興策が復活している感がある。いわば，先祖返りと言ってもよい驚くべき事象が起きている。2017 年 1 月に米国の大統領に就任した共和党のトランプ氏（当時）は，中国の製造業振興策である「中国製造 2025」を公然と批判，その後，2021 年 1 月に大統領に就任した民主党のバイデン氏は，半導体や車載バッテリーなどの技術覇権が激しいセンシティブ分野では，「中国製造 2025」への対抗姿勢をより一層強め，巨額の補助金を拠出して，半導体・車載バッテリーの産業振興を進める姿勢を強めており，欧州，さらに日本もまた，政府主導で半導体振興を図っていることは周知の通りである。

日米欧ではもはや死語になりかけていた政府を挙げての産業振興策が，中国の産業振興策の成功，それが米中技術覇権に波及したことで世界を揺るがしている。他方で，中国の方には，相当に戸惑いもあると筆者は考えている。中国は建国以来，旧ソ連にならって国家が五カ年計画を策定し，その実行を行うというサイクルを，表層的に民営化を標榜しつつも，一貫して繰り返してきた経緯があるからである。例えば,「中国製造 2025」が打ち出されたのは第 13 次五カ年計画（2016 年～2020 年）であったが，その前の第 12 次五カ年計画（2011 年～2015 年）では,「戦略性新興産業」を打ち出している。「中国製造 2025」は,「戦略性新興産業」のリバイス版に過ぎないとの見方はできる。中国の産業振興策は，日米欧から警戒されるようになった結果，当初想定した産業振興のゴール達成は，従前に比べると障壁が格段に高くなっているといえよう。中国としては，従来通りの踏襲を図っていただけなのに，突然，日米欧から，物言いがついたように捉えていると思われる。その混乱のなかで，中国の政策に沿うのか反るのか，判断を求められる日本などの外資系企業の苦悩は深まる。

筆者は，令和に入って大学教員に転じる前，平成期にメガバンクのシンクタンク部門に長年勤務してきた。そこで，提携していた中国の政府系シンクタンクと 2008 年度～2016 年度の 9 年間に亘って共同研究を行ってきた。中国の産業振興策がどのようなメカニズムで行われ，中国側がどのようにそれを捉えているか，その深層に触れる貴重な機会を得た。さらに，中国の産業振興策の成功は，日米欧からは警戒されるも，周辺アジア諸国・地域にとっては，一定の警戒心はあるも模範とすべきとの姿勢もうかがえる点は注目される。そこで，2018 年にタイの東部経済回廊，2019 年にカンボジアのシアヌークビルを訪れ，中国の産業振興策の周辺国への影響を調査する機会も得た。

本書は，そこで得た知見をまとめ，2021 年 3 月に学位を取得した博士論文をベースにしている。その際，中国の産業振興策を図る主要主体である政府部門を，中央政府，地方政府，国有企業の 3 者に区分したうえで解き明かすことを試みた。中国の産業振興には,「放」と呼ばれる，中央政府が地方政府と国有企業に対して自由化を促す時期と,「収」と呼ばれる，中央政府が地方政府と国有企業に対して引締めを図る時期がある。この「放」と「収」で，3 者による産業振興のメカニズムを解き明かし，そのアジア周辺国・地域への影響についても考察したうえで，日本企業の対応策についても提言を行うことも試みた。

長年世界のリーダーを担ってきた米国でさえ警戒を強める中国の産業振興策は，一見すると無双無敵にもみえるが，必ずしもそうではなく，強みも弱みもある点を本書では深く考察している。また，アジア周辺国・地域，とりわけ東南アジア諸国連合（ASEAN）においては日中の競合が少なからずあるが，なぜ，中国の産業振興策にASEANがなびいている面があるのか，現地調査を行いながら，その解を探した。

本書が，研究者のみならず，令和時代を生き抜く国際・アジアビジネスに取り組むビジネスパーソンにとっても，中国の産業振興のメカニズムを理解するうえでの一助となれば幸いである。

令和5年8月31日

阪南大学 経済学部 教授 酒向 浩二

注

1 本書では，民間企業は中国の国営，民営の区分に準拠し，民営企業とする。

本書のねらいと構成

米中対峙下において，日本企業が苦悩するのは，国内市場の頭打ちが続くなかで，中国は市場として重要であり続けるであろうという点であろう。加えて，日本企業が中国事業を展開するにあたって避けられないのが，同国の政府部門といかに向き合うかという課題である。中国政府が特定分野を重視する重点産業政策を実行する際，日本企業にとってはこの政策に呼応していくことが基本的には得策となるが，その際は日本と中国の民営企業同士の関係ではなく，日本の民営企業が中国の政府部門と向き合うことを余儀なくされるケースが多い。

さらに，中国の重点産業政策の影響力は，周辺国にも及ぶようになっている。中国近隣の ASEAN において，インフラ分野などで日中の競合が激化しているが，そこにおいても，日本の民営企業が中国の政府部門と向き合うことによる摩擦が生じている。

その中国の政府部門は，中央政府，地方政府，中央政府管轄国有企業（以下，国有企業）の 3 者が密接に関与する形で構築されている。中央政府は，国有企業および地方政府への関与を産業発展段階には緩めるが（中国語では「放」），生産能力過剰や環境負荷が増大になると関与を強める傾向がある（中国語では「収」）。「放」とは手を放すこと，すなわち自由化（市場化）政策である。「収」とは手を掴むこと，すなわち国家管理（非市場化）政策である。中国はこのどちらに進んでいるのか，経済の自由化と政治の集権化といういわば相反する体制のなかでは，そのいずれを重視するかによって政策は揺れるが，「放」から「収」，「収」から「放」への変化をいかに見極めるのかは，日本企業，日本政府のみならず，世界が固唾を呑んで見守る事象となっている。

「放」政策実施時は，中国国内においては自由化が進展することから，日本企業の商機は拡大し，事業リスクは相対的に低下すると考えられる。他方で「収」政策に転じると，景気浮揚や新規分野開拓のための重点産業政策の実行役として，地方政府，国有企業の役割期待が高まると考えられる。そのために，外資企業に対しては少なからず排他的になる面が顕在化するが，日本企業には，その直後に打ち出される新分野誘導という「放」政策に沿って，新たな開発パートナーになるという選択肢も残されている。

このように，一言で中国政府の重点産業政策といっても，実際には中央政府，地方政府，国有企業の3者による政策協調があり，そこに「放」と「収」のサイクルが重なることに中国の産業振興の特徴がある。それらを踏まえた日本企業の戦略的な対応策が求められている。中央政府と地方政府，中央政府と国有企業，日本企業の対応策など各分野の研究は少なくないが，「放」と「収」を踏まえた俯瞰的研究は未開領域となっている。

そこで本書では，中央政府，地方政府，国有企業の「放」と「収」の関係を探ったうえで，日本企業の対応策を考察する。本書の構成は，次の通りである。

第1章で，まず本書に係る問題の所在を明らかにし，深耕すべき論点を提示する。中央政府，地方政府，国有企業の「放」と「収」の法則性，それにおける中国国内における日本企業の対応策，近隣ASEANにおける日本企業の対応策の3つの論点を問う。

第2章では，中国の国有セクターと世界金融危機後の重点産業政策について考察する。中国の国有セクターを，中央政府，地方政府，国有企業の3者に区分して理解を深め，どのような政策過程に基づいて重点産業政策を実施しているかを明らかにする。

第3章では，国有セクターにおける中央政府と国有企業の関係に焦点を当てる。この2者の関係を，1990年代から10年毎に時系列で追うことで，法則性を明らかにする。1990年代は国有企業の民営化が進んだが，2000年代に入ると，中央政府は，国有企業を集約させ，世界レベルの国有大企業を育てようとする意向が強まった。この背景を2000年から2002年までの筆者の香港駐在時の調査，2006年12月の北京における現地調査なども踏まえて探る。

第4章では，国有セクターにおける中央政府と地方政府の関係に焦点を当てる。この2者の関係を，1990年代から10年毎に時系列で追うことで，法則性を明らかにする。中央政府と地方政府の協調に関しては，2009年2月に湖北

図1　中国の中央政府，地方政府，国有企業×重点産業政策

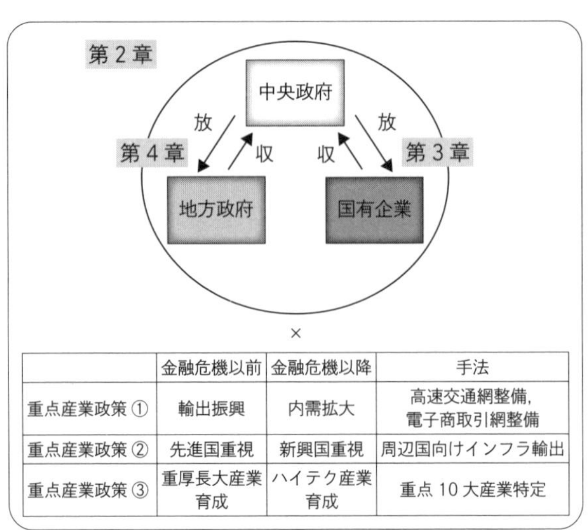

	金融危機以前	金融危機以降	手法
重点産業政策①	輸出振興	内需拡大	高速交通網整備，電子商取引網整備
重点産業政策②	先進国重視	新興国重視	周辺国向けインフラ輸出
重点産業政策③	重厚長大産業育成	ハイテク産業育成	重点10大産業特定

（出所）筆者作成。

省武漢で行った現地調査から確認する。

このように前半では主に，中国の国有セクターの特性の理解に重点を置いて研究を進めていく（図1）。

第5章では，中国の中央政府，地方政府，国有企業が協調し，時に摩擦を生じながら進められる重点産業政策に対する日本企業の対応策を探求する。中国は，重点産業政策を実行するにあたって，日本企業を含めた外資企業を戦略的に活用しようとしており，外資企業はその戦略的な活用策に沿うか否かの選択を問われる。中央政府，地方政府，国有企業間の分権（「放」）が進んでいれば，外資企業の事業参画余地が広がることで日本企業の事業リスクは低減するが，集権（「収」）が進んでいれば事業リスクは高まる。これらの構図を俯瞰化する。

第6章では，中国の重点産業政策の影響が周辺国にも広がっている事実と背景を確認する。特に中国に隣接するASEANにおいては，近年中国の影響力が飛躍的に高まっている。他方で，ASEANのなかでも，所得水準でみた「上位中所得国」と「下位中所得国」では対応に差異がある。このことを，前者に

図 2　中国の中央政府，地方政府，国有企業×重点産業政策

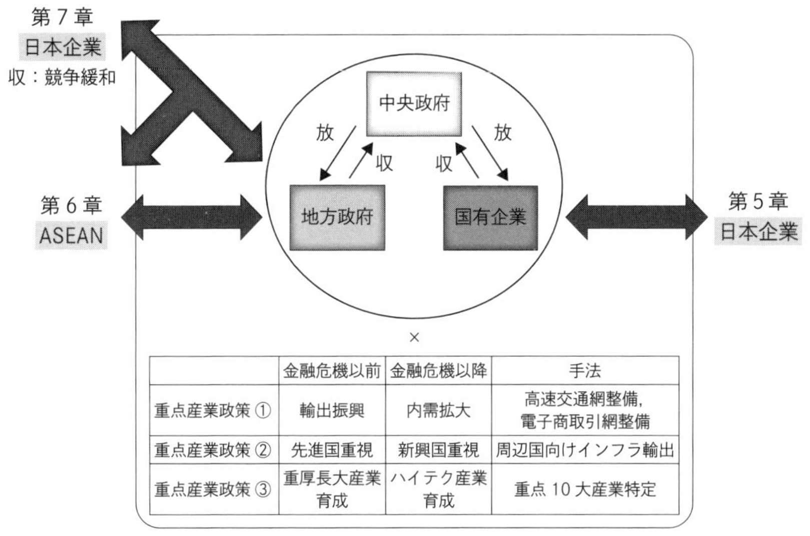

	金融危機以前	金融危機以降	手法
重点産業政策 ①	輸出振興	内需拡大	高速交通網整備，電子商取引網整備
重点産業政策 ②	先進国重視	新興国重視	周辺国向けインフラ輸出
重点産業政策 ③	重厚長大産業育成	ハイテク産業育成	重点 10 大産業特定

（出所）筆者作成。

ついては 2018 年 12 月のタイにおける現地調査，後者については 2019 年 12 月のカンボジアにおける現地調査から実証する。

第 7 章では，ASEAN は日本と中国が共に重視する地域であることから，日本企業が ASEAN で中国の重点産業政策と向き合わざるを得なくなっている様子を確認する。そのうえで，中国の中央政府，地方政府，国有企業の協調アプローチが，ASEAN においては地方政府の不在によって中国国内ほどには十分には活用できないなかで，日本企業の採れる対応策を探る。ASEAN においては，2010 年代に特にインフラ分野で日中の競合が激しさを増したが，2010 年後半には，日中で ASEAN における過度な競合を回避しようという動きも出てきている。

このように後半では，中央政府，地方政府，国有企業によって実施される重点産業政策に対する日本企業の対応策を論じる（図 2）。

最後に，第 8 章では，第 1 章で掲げた深耕すべき論点に対する結論を，第 1 章から第 7 章までの考察を踏まえて導く。

目　　次

はじめに……………………………………………………………………………………i
本書のねらいと構成 ………………………………………………………………… iv

第1章　問題の所在と分析視角 ……………………………………………… 1

第1節　問題意識………………………………………………………………… 1
第2節　本書で深耕すべき論点………………………………………………… 6
(1)　中央政府，地方政府，国有企業の「放」と「収」の関係の法則性 ……………………………………………………………………… 6
(2)　中国における重点産業政策への対応策 ……………………………… 6
(3)　ASEAN における重点産業政策への対応策 ………………………… 7
第3節　先行研究………………………………………………………………… 8
(1)　中央政府，地方政府，国有企業の3者による産業振興に係る研究 ……………………………………………………………………… 8
(2)　中央政府，地方政府，国有企業の「放」と「収」に係る研究……… 11
(3)　重点産業政策に係る研究 …………………………………………… 14
(4)　重点産業政策への外資企業の対応に係る研究…………………… 16
(5)　重点産業政策への ASEAN の対応に係る研究…………………… 18
(6)　先行研究を踏まえた未開領域 ……………………………………… 19

第2章　中国の中央政府，地方政府，国有企業による重点産業政策…………………………………………………………………… 23

第1節　中国の国家体制の特徴………………………………………………… 23
(1)　国家の体制（政治形態）……………………………………………… 23
(2)　国家による土地のコントロール（資本形態） ……………………… 26
(3)　国家による重点産業・企業のコントロール（産業形態） ………… 29

⑷　競争する地方政府（統治形態）……30
第2節　中国の中央政府，地方政府，国有企業による重点産業政策の実行……34
⑴　政策過程……34
⑵　内需振興策……36
⑶　外需振興策……38
⑷　製造業高度化策……39
第3節　執行経路⑴重点産業政策の実行役としての国有企業……41
第4節　執行経路⑵重点産業政策の実行役としての地方政府……42

第3章　1990年代以降の中央政府と国有企業の関係……45

第1節　1990年代―「収」から「放」へ―……45
⑴　国有企業改革の全体像……45
⑵　産業別にみた国有企業改革……47
第2節　2000年代―「放」から「収」へ―……51
⑴　1990年代の延長としての国有企業改革に変化の兆し……51
⑵　中盤から国有企業の管理強化へ……52
第3節　2010年代―「収」から「放」へ―……53
⑴　世界金融危機時に，投資のけん引役を担った国有企業……53
⑵　グローバル企業となった国有企業……54
⑶　有望民営企業をコントロール下に置く……55
第4節　今後の中央政府の国有企業管理上の課題……56
⑴　中央政府の暗黙の保証……56
⑵　国有企業の存在感が希薄な分野の強化……58

第4章　1990年代以降の中央政府と地方政府の分権と集権の関係……60

第1節　1990年代―「収」から「放」へ―……60
⑴　財政を巡る中央政府と地方政府の確執……60
⑵　地方政府は土地財政に活路……62

第2節　2000年代―「放」から「収」へ―……64
(1)　WTO加盟による外資企業の市場参入で土地需要が拡大……64
(2)　金融危機以降は，中央政府は地方政府に政策総動員を要請……65
(3)　中央政府は内陸部開発を梃入れ，内陸部地方政府は呼応……66
第3節　2010年代―「収」から「放」へ―……69
(1)　地方政府の投資拡大による生産能力過剰問題が顕在化……69
(2)　中央政府は，新産業においては新たな「放」政策で支援……70
第4節　今後の中央政府の地方政府管理上の課題……72

第5章　中国における重点産業政策への日本企業の対応策……75

第1節　「放」と「収」の周期の理解……75
(1)　「収」政策時に外資企業のリスクは拡大……75
(2)　「収」から「放」，「放」から「収」への変化は，政策失敗時と景気低迷時……76
第2節　「収」政策の実施時の判断……77
(1)　脅威―国際批判同様に技術移転強要などを懸念―……77
(2)　機会―重点産業政策への呼応による機会を獲得―……78
(3)　政策呼応傾向がうかがえる日本企業……79
第3節　重点産業政策のゴールの障壁……80
(1)　供給重視に伴う需給バランスリスク……80
(2)　重点産業内の地方政府の競争過熱リスク……81
(3)　中央政府，地方政府，国有企業の産業振興に対して高まる外圧リスク……81
(4)　日中連携の分野が徐々に狭まるリスク……82

第6章　中国の重点産業政策とASEANとの関係……85

第1節　ASEAN上位国のケース……85
(1)　所得水準が伸び悩むタイ・マレーシア……85
(2)　産業高度化の障壁……87
(3)　中国との協調を模索……89

第2節　タイ東部経済回廊開発（EEC）にみる中国との協調 ……………… 90
(1) 中国の広域開発とタイの地域開発の親和性 ……………………………… 90
(2) デジタル分野の協調……………………………………………………………… 93
(3) 製造分野の協調 ………………………………………………………………… 93
(4) 中国重点産業政策の特徴 ……………………………………………………… 94
第3節　ASEAN 下位国のケース ………………………………………………… 96
(1) 資本投入が不可欠のカンボジア ……………………………………………… 96
(2) 中国の積極関与の背景…………………………………………………………… 99
第4節　カンボジア・シアヌークビル開発にみる中国との協調 ………… 103
(1) 中国からカンボジアへの生産移管………………………………………… 103
(2) 中国地方政府の参画 ………………………………………………………… 104
第5節　中国モデルに葛藤する ASEAN ……………………………………… 106
(1) ASEAN で高まる中国の存在感 …………………………………………… 106
(2) 中国の中央政府と国有企業の関係の影響を受ける ASEAN …… 107
(3) 中国の中央政府と地方政府関係の影響も受ける ASEAN ……… 108

第7章　ASEAN における中国の重点産業政策への日本企業の対応策 ……………………………………… 111

第1節　中国の「放」と「収」の ASEAN 経済への影響は不可避……… 111
(1) 中国重視から ASEAN 重視にシフトする日本企業 ……………… 111
(2) ASEAN の日本への期待 …………………………………………………… 111
(3)「放」政策の際に，ASEAN における日中競合のリスクは高まる ……………………………………………………………………… 112
第2節　2010 年代の ASEAN におけるインフラ分野における日中競合からの教訓 ……………………………………………………………… 114
(1) インドネシアのケース………………………………………………………… 114
(2) マレーシアのケース …………………………………………………………… 115
(3) タイのケース ………………………………………………………………… 116
(4) カンボジアのケース …………………………………………………………… 117
(5) ASEAN における日中競合と Winner's Curse………………………… 117

第3節　ASEANのインフラ分野における日中連携パターン考察 ……… 118
(1) 変容する日中連携のパターン ……… 118
(2) タイEECにおける日中連携パターン検証 ……… 121
第4節　求められる日本企業の戦略対応 ……… 122
(1) 重複を避けて差別化を図る ……… 122
(2)「放」政策時に中国との競合,「収」政策時に中国からの政策回避の影響 ……… 123

第8章　中国モデルの堅持が「放」と「収」を生み出す源泉 ……… 126

第1節　中央政府, 地方政府, 国有企業の「放」と「収」の関係の法則性 ……… 126
(1) 政経と官民のバランス調整が「放」と「収」が生まれる要因 ……… 126
(2)「放」から「収」,「収」から「放」への転換は景気低迷期 ……… 128
(3)「放」と「収」で産業の新陳代謝を促す ……… 130
第2節　中央政府, 地方政府, 国有企業の3者の政策過程・執行経路 ……… 131
(1) 中央政府による独自財源を持つ地方政府, 国有企業の完全な管理は不可能 ……… 131
(2) 国家発展改革委員会による中央政府, 地方政府, 国有企業の調整 ……… 132
第3節　中国における中央政府, 地方政府, 国有企業の重点産業政策への対応策 ……… 133
(1)「収」政策時における日本企業の政策対応の選択 ……… 133
(2) 中国の重点産業政策のゴールチェック機能の未整備 ……… 134
第4節　ASEANにおける中国の重点産業政策への対応策 ……… 135
(1)「放」政策の際の留意事項 ……… 135
(2) 特定分野における中国との競合から中国の力の活用段階への移行 ……… 137

結　　語 …… 139
あとがき …… 142
参考文献 …… 144
索　　引 …… 151

第1章

問題の所在と分析視角

第1節　問題意識

世界金融危機直後の2010年に名目GDPで日本を抜いて世界第2位（図1-1）となった中国は，2020年代には米国に比肩，さらに凌駕する経済規模になると見込まれており，市場としての重要性はグローバル展開を加速する日本企業にとって高まっている。そのため，中国政府が特定分野を重視する重点産業政策を実行する際，日本企業にとっては政策に呼応していくことが基本的には得策となる。

その中国の政府部門は，中央政府，地方政府，中央政府管轄国有企業（以下，国有企業）の3者が密接に関与する形で構築されているが，3者は常に一体という訳ではない。中央政府は，地方政府および国有企業への関与を産業発

図1-1　日米中の名目GDPの推移

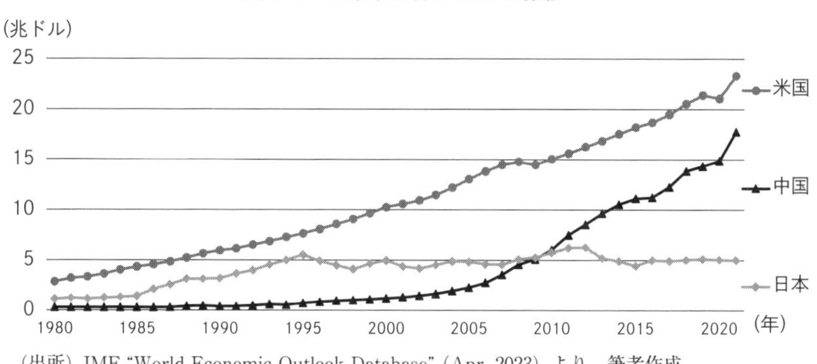

（出所）IMF "World Economic Outlook Database"（Apr. 2023）より，筆者作成。

展段階には緩める。このことは中国語では「放」政策と呼ばれる。ところが，中央政府は，地方政府および国有企業の生産能力過剰や環境負荷が増大になると関与を強める。このことは中国語では「収」政策と呼ばれる。政府部門内は，中央政府による地方政府・国有企業の自由化政策である「放」政策と国家管理政策である「収」政策が交互に繰り返されているという特性がある。

より詳細にみてみると，中国は中央政府の権限が強く，重点産業政策は五カ年計画に基づいて中央政府主導で推進されている。その実行に際しては，まずは国有企業が深く係っている。国有企業は，改革開放期以降に，株式会社化など経営の民営化が進められてきたが，国際競争力は高まらなかった。そこで，2003年に国有企業監督管理委員会が設立され，国有企業の直接的な管轄は財政部[1]から同委員会に移行した。それ以降に国有企業の再編が進められ，再編によって国有企業が大型化して事業リスクの許容度も高まった結果，政策の実行役としての機能がより強化されている傾向がうかがえる。

もう1つの実行役が地方政府である。地方政府は傘下に地方政府系企業[2]や地方政府系銀行[3]を擁しており，1つの経済共同体を構築している。中国において土地を事実上管理しているのは地方政府であり，農地の収用は地方政府の専管事項となっている。政府補助金の出し手としても地方政府の存在感は高く，日本企業もまた補助金の拠出を受けているケースがある。他方で地方政府同士は激しい産業振興に係る競争を繰り広げており，この競争は中国の経済成長に寄与するも，生産能力の過剰や政府債務の増大の一因となるなどの弊害もみられる。

そこで，中央政府は，国有企業および地方政府への関与を産業発展段階には緩めるが（「放」），生産能力過剰や環境負荷が増大になると強める傾向がある（「収」）（図1-2）。中央政府・国有企業間でみると，1990年代には，国有企業の民営化を促す「放」政策を採ってきたが，2000年代には，2003年に国有企業を国有企業監督管理委員会の傘下に改編した。中央政府は，当初は国有企業の経営から一線を画した安定株主となることを志向するも，徐々に物言う株主へと変質する「収」政策に転じて，国有企業の再編を主導している。その後，国有企業が再編を遂げると，2008年～2009年の世界金融危機以降には「放」政策に転じている。国有企業は一部がグローバル大企業へと成長している。

図 1-2　伸縮を繰り返す中央政府，地方政府，国有企業の関係

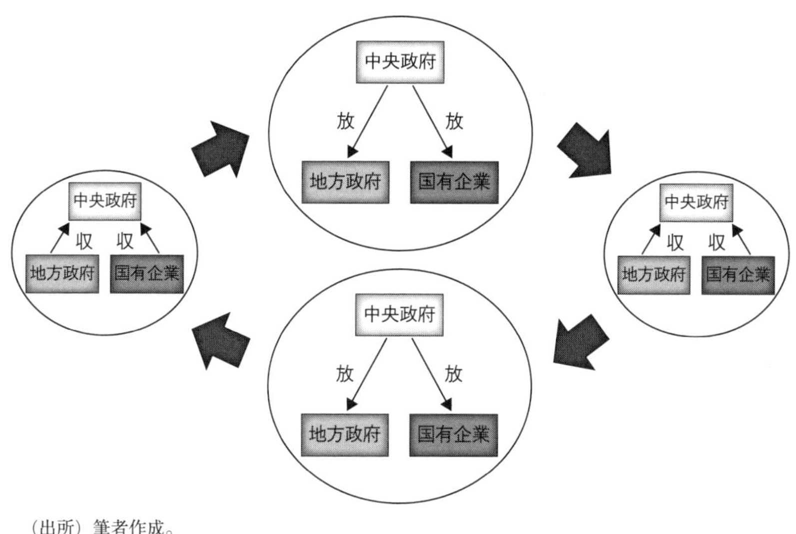

（出所）筆者作成。

フォーチュン・グローバル500に中国企業は124社（2020年）と国別で最多のランクインになったことはその証左といえる。

中央政府・地方政府間でみると，1990年代に，地方政府は分税調整[4]で財源を失うも，中央政府の「放」政策で農地収用の権限を付与され，土地財政で得た資金で産業振興を行ってきた。2000年代の世界金融危機直後は，中央政府が「収」政策に転じて景気浮揚のために地方政府に重厚長大産業の投資拡大を促すが，それが生産能力の過剰や政府債務の拡大を招くと，中央政府は投資抑制を促すようになる。2010年代に入ると，半導体産業などのハイテク産業においては，中央政府は「放」政策に転じて地方政府の投資を促すようになるが，米国から政府主導のハイテク振興策として警戒されるようにもなっている（表1-1）。

中国は1949年の建国[5]から2019年には70周年を迎えたが，1990年代の改革開放以降，中央政府，地方政府，国有企業の3者による重点産業の実行が一定の成功を収めている。このことは，名目GDPの伸長ぶりから明らかであろう（前掲図1-1）。

表 1-1　米国の技術の中国の技術に対する優位と劣位の評価

産業	現状	短期（1～3年）	長期（10年以上）
情報通信技術			
5G	優位	どちらともいえない	劣位
クラウド・コンピューティング	優位	劣位懸念	劣位
GPS	優位	劣位懸念	劣位
集積回路	劣位懸念	劣位懸念	劣位
製造技術			
3Dプリンター	優位	劣位懸念	劣位
先端ロボティクス	限定的優位	優位	劣位懸念
ナノテクノロジー	限定的優位	優位	劣位懸念
輸送			
電気自動車	劣位	劣位	劣位懸念
高速鉄道	限定的優位	限定的優位	限定的優位
医療・ヘルスケア			
バイオ医療	優位	優位	劣位懸念
医療機器	優位	優位	劣位懸念

（出所）US-China Economic and Security Review Commission, “Planning for Innovation” (2016).

2010年代後半になるとデジタル通信（2017年，中国7,377件，米国4,202件，日本1,764件）や電気通信（2017年，中国1,623件，米国1,303件，日本1,022件）[6]などの特定産業においては，特許出願数で日米を凌駕するようになっている。2049年の建国100年に向けて，中国の中央政府，地方政府，国有企業の3者による産業振興の枠組みは持続する可能性が高い。この体制に対して，日本企業は向き合っていかざるを得ない。中国の3者による産業振興の影響力は，中国国内のみならず周辺国にも及んでいる。日本企業が近年，国際展開上重視しているのはASEANであるが[7]，中国もまたASEANへの影響力を高めている。日本企業は，中国国内およびASEANにおいて中国の政府部門との向き合い方が問われている。

そこで本書では，1990年代以降の中央政府－国有企業関係，中央政府－地方政府関係を「放」と「収」という視座で振り返りながら，中央政府，地方政府，国有企業の3者による重点産業政策の成果と課題を深耕したうえで，日本企業の対応策を考察することとしたい。

中国国内においては，グローバル展開を図るうえで中国市場を重視せざるを得ない日本企業が重点産業政策に対して採れる選択肢は限られている。技術流出リスクを抱えつつも，重点産業政策に呼応していくことによる収益確保の重要性は高まっている。そのため，「放」と「収」を見極めながら，中国の政府部門と日本企業が中国国内でいかに向き合うかは重要課題であり，2018年以降に先鋭化している米中貿易摩擦[8]など，重点産業政策が推進されるうえで影響を与え得る新たな要素も勘案する必要がある。

さらに，中国の影響力は周辺国にも及ぶようになっている。特にASEANにおいては，2010年代にインフラ分野で日中の競合は激しさを増してきたが，2010年代後半には，日中でASEANにおける協調機会を探ろうという動きも出てきている。中国国外においては，中国の中央政府，地方政府，国有企業の3者の内，中央政府と国有企業の2者が中心となる。そのため，中国におけるインフラ開発において土地や労働力を提供する地方政府の役割を，ASEAN政府が代替して担おうとすれば超過負荷となり，その分を中国の中央政府が担うとASEANが債務の罠に陥ったとみなされる懸念が高まる。この懸念を回避するうえで，ASEAN政府のみならず，中国企業にも日本企業の長年の海外事業の経験と知見の活用への期待がある。

平成期に日中の名目GDPは逆転した。日本が経済規模の優位性を失ったことで2国間関係は変化し，日本企業は伸長する中国との向き合い方を，純粋な経済活動から，中国の政治経済的な変化も踏まえた戦略対応に徐々に変えていかざるを得なくなってきた。

令和期の日本は，人口動態などから内需の頭打ちが続くことを勘案すると，インド，さらにはインドネシアにも名目GDPで追いつかれ，令和期以降にはやがて追い抜かれていくことは避け難い。その際，平成期における中国への対応は，後世，中国とは政治体制は異なるものの台頭するアジア新興国の重点産業政策に日本企業が向き合ううえでの先行研究と成り得ることに，本書の意義があると考えている。

第2節　本書で深耕すべき論点

上記を踏まえて，本書の論点を明らかにしたい。深耕すべき論点は，以下の3点であると考える。なお，第2，第3点目は，第1点目に関連した論点である。

(1)　中央政府，地方政府，国有企業の「放」と「収」の関係の法則性

第1に，中国の国有セクターの根幹を成す中央政府，地方政府，国有企業間は放権（「放」）と収権（「収」）が繰り返されているが，そこにはどのような法則性があり，また，3者はどのような政策過程・執行経路に基づいて重点産業政策を実行しているのかという点である。

中国中央政府は，建国100周年を迎える2049年を世界の強国となるゴールに据えている。例えば，現在実行中の2025年を見据えた製造業振興策である「中国製造2025（2016年～2025年）：世界の製造強国の一員となる」は3段階の第1段階に据えられており，「中国製造2035（2026年～2035年）：世界の製造強国における中間レベルに押し上げる」が第2段階，「中国製造2049（2036年～2049年）：世界の製造強国の上位にまで押し上げる」が最終段階となっている[9]。この野心的な目標は，国際社会にとって，商機にも脅威にも映っているのが実情である。

その目的達成の手法は，多分に中国特有の中央政府，地方政府，国有企業の3者による重点産業政策によって実行されている。他方で，3者は時に対立するなど足並みの乱れもみられる。中国の産業振興における3者の関係における法則を理解することができれば，中国の野心的な目標を過度に畏怖する必要はなくなる。相手を知り，そのうえで政策過程などの実態が判明すれば，その強みと弱みを踏まえた対応が可能となろう。

(2)　中国における重点産業政策への対応策

第2に，中国の中央政府，地方政府，国有企業の3者主導の中国国内における重点産業政策に対して，日本企業が採り得る対応策は何かという点である。

中国国内においては，グローバル展開を図るうえで中国市場を重視せざるを得ない日本企業が，重点産業政策に対して採れる選択肢は限られている。技術流出リスクを抱えつつも，重点産業政策に呼応していくことによる収益確保への重要性は高まっている。他方で，「放」と「収」の変化を見極めながら中国の政府部門といかに向き合うかは重要課題である。

そこで，これらを総合的に勘案して重点産業政策が成功するか否かを見極めることがより重要になると考えられる。① 中央政府－国有企業関係，② 中央政府－地方政府関係を深耕し，その国際的な影響力の増勢を加味して３者による重点産業政策の機会と脅威を探ったうえで，中国国内における日本企業の対応策を考察することとしたい。

(3)　ASEAN における重点産業政策への対応策

第３に，ASEAN へと波及した中国の重点産業政策に対して，日本企業が採り得る対応策は何かという点である。

中国の重点産業政策の影響は，中国国内のみならず周辺国にも及ぶようになっている。特に中国近隣の ASEAN では，中国は資本の拠出者や，「上位中所得国」を脱して「高所得国」入りを図るうえでの産業振興ノウハウを蓄積しつつある国として評価されている。そこで，中国・ASEAN 間の産業振興に係る協調余地と課題を明らかにする。

他方で，周辺国においては，中国の中央政府と国有企業が中心となり，中国の地方政府は，存在感を発揮することが困難である。そのため，中国における地方政府の役割を ASEAN 政府が担おうとすれば超過負荷となり，その分を中国の中央政府が担うと ASEAN が債務の罠に陥ったとみなされる懸念がある。この懸念を解消するために，新たに中国の地方政府が ASEAN への展開を図るなど，中国と ASEAN の協調の動きもみられるなか，日本企業が，周辺国で中国の重点産業政策とどのように向き合うべきか，その対応策を考察することとしたい。

第3節　先行研究

先行研究に関しては，中核となるのが，(1) 中国の中央政府，地方政府，国有企業の3者による産業振興に係る研究および，(2) 中央政府，地方政府，国有企業の「放」と「収」に係る研究である（図1-3）。続いて，(3) 中国の重点産業政策に係る研究となる。

まずはそれを踏まえたうえで，付随的に3者の連携の下で実施される重点産業政策への対応に対象を広げて，(4) 中国の重点産業政策への外資企業の対応に係る研究，さらに，中国の重点産業政策が周辺国にも広がっていることから，(5) ASEAN の中国の重点産業政策への呼応に係る研究をカバーする。

そのうえで，これらの先行研究の示唆では整合的とは言い難い部分や，まだカバーしきれていない分野を明らかにする。

図1-3　先行研究分野のイメージ図

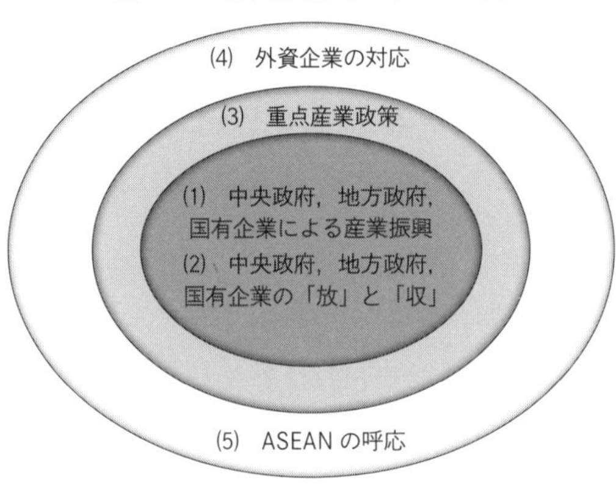

（出所）筆者作成。

(1)　中央政府，地方政府，国有企業の3者による産業振興に係る研究

渡辺（2013）は，「中国の市場経済化は2000年を少し超えたあたりで終焉し，その後はステート・キャピタリズムというべき形態の経済へと変じた。世界金融危機以降，高成長維持のためには投資に依存するしかなく，その主役を担ったものは，1つは国有企業であり，もう1つが地方政府であった」[10] と指

摘している。「（中国の）ステート・キャピタリズムと言っても，一般的に確立された概念はなく，中国の国情を色濃く反映したステート・キャピタリズムである」としている。また，「ステート・キャピタリズムとして内包するには，現代の中国経済はあまりにも複雑だという主張もあり得る」としている。中国のステート・キャピタリズムに着目し，課題を提起したことを評価する。他方で，確立されていない概念や，曖昧になっている「中国の国情」をより明確にする必要があろう。そのうえで，中央政府，国有企業，地方政府の関係を明らかにすることが肝要となろう。

中国の国情に関して，潘維（2009）は，「中国は「国・民経済」である」[11]とし，「国家」と「民間」が支え合った経済システムだとしている。具体的には，「①国家による土地の独占的利用と民間の土地使用権の制限，②金融，大型企業，事業体の国家によるコントロール，③（家計とコミュニティの中小企業を基盤とする）自由な労働市場，④（家計とコミュニティの中小企業を基盤とする）自由な商品・資本市場」を指摘しているが，特に①，②が中国の国情である点は，賛同できる。この考えなどを基に，加藤（2013）は，「中国の国情に関しては，①ルールなき市場競争，②国有企業のウェイトが高い混合経済，③競争する地方政府と官僚，④利益集団化する官僚・党支配層にある」[12]としており，中国の国情を明示している点は高く評価できるが，中央政府，地方政府，国有企業の関係はまだ判然としない。

中央政府と地方政府の関係に関しては，加藤に師事した梶谷（2016）が，「広大で多様な国土を抱える中国においては，ある程度地方の自由に任せなければスムーズな政策運用はできない。一方で，地方に権限を委ね過ぎると地域間格差や社会的分裂の可能性が出てくるという統治を巡るジレンマが常に存在しているため，現代中国では，「放」（地方への権限委譲）と「収」（中央のコントロール強化）のサイクルが繰り返されてきた」[13]と指摘している。この認識は，25年前に藤本（1991）も，「「放」と「収」が繰り返されてきた」[14]と指摘するなど中国研究者の間では伝統的な考え方になっていると考えられる。中央政府と地方政府の関係を示すうえでこの考え方に賛同すると同時に，地方政府の役割をより財政面などでも明らかにすることが望まれる。また，この「放」と「収」は，中央政府と国有企業の間にも適用できるのではないかと考えられる。

地方政府が力を持つためには財政基盤が重要になる。これについて杜進(2011) は,「もともと，中国の土地所有制度は，都市部の国有と農村部の集団(村) 所有という二重構造になっており，農村から土地を取得するためには取得者と村との間で条件について直接交渉しなければならず，政府機関である国土部が仲介と管理の機能を果たしてきた」[15]と述べている。杜進 (2013) は,「しかし 1998 年に新しい「土地管理法」が制定 (1999 年より実施) され，土地使用についての規制を強化したため，土地転用の審査と批准の権限が地方政府に集中するようになったことで，地方政府は農地を収用し，これをプロジェクト用地・工業団地などの形で転売するという土地財政を行うことができるようになった」[16]と指摘している。地方政府の補助金に関しては，任哲 (2012) は，地方政府が外資企業を誘致する際，出資金という名目で事実上の補助金を拠出していることに着目，その原資は，農民から農地を低価で収用し，外資企業に使用権を高価で売却，その差額を補助金として拠出していることを複数の地方政府のケース[17]で明らかにしている。筆者もまた中国の政府補助金に関しては，地方政府の土地財政が大きな役割を果たしていると考えており，その原資は，地方政府が事実上管理する土地にあるという点に賛同する。さらに，筆者は外資企業の進出が，当該地域の地価を引き上げることで，地方政府・外資企業の win-win 関係が構築されるとのヒアリング結果も得ている。この構造が今後も持続可能なのかという点は課題となる。

国有企業に関しては，朱炎 (2013) は,「①基幹産業の安定維持，②産業政策の担い手，既存産業の再編，③戦略事業への参入，④積極的な対外投資，⑤地域開発，これらの分野で，中国経済における中央企業の役割と貢献は高いとしつつも，①国有企業の是非の議論がある」[18]としている。「もともと国有企業の経営の効率が悪く，民営化が必要になった。すなわち，政府の失敗を市場で補ったが，一方では，利益の計上が難しい事業の場合，民営企業にはできず，国有企業の出番となる。これは，市場の失敗である。市場と政府のバランスが重要である」としている。他方で，世界金融危機以降に国有企業が急成長した「国進民退」議論については,「本質は，経営環境の不平等による民業圧迫があるか否かの問題である」としている。「国有企業は資金，許認可，利潤留保などの面で優遇され，民営企業には競争ができない。解決策としては規制緩和を進め，平等な競争環境を構築することが必要である」としている。この主張には，中央政府の国有企業に対する，「放」と「収」の要素が含まれている点は注目される。国有企業の市場経済化，民営化はいわば「放」であるが，リスクが高く，投資収益の明確でない事業の場合は，「収」政策によって，国有企業にリスクテイクを強いているとみることができる。この正反対の政策を続けることになるのか，それとも「放」政策の方にふれるのか，慎重な見極めが必要となる。

Coase and Wang (2012) は，中国がいかに社会主義から資本主義に変容していったかという新生中国の改革開放の歴史を包括的に紐解いている。新生中国における中央政府と地方政府の関係については，「毛沢東時代から，中央集権度の高い旧ソ連型の体制に対する疑義から，中国が地方分権を進めてきたことがベースにある」[19] としている。「改革は地方レベルで起こり，それが，中央経由で全国に広がる」としている。「例えば，国有企業改革において，まずは，1990年代に上海市が管轄の地方政府系企業の管理組織を発足させ，その成果が有効だと，2003年に中央政府がその方式を採用して国有企業監督管理委員会の発足につながった」としている。また，「中央政府と国有企業の関係においては，企業収益の鍵となったのは，価格統制の解除であった」としている点は重要である。これに関して，1980年代から価格統制を「調」，価格自由化を「放」という2つの政策が，2重政策として採られてきたとしており，「調」と「放」は「収」と「放」政策の一環とみることができよう。

Coase and Wang (2012) は，中国は実質的に資本主義になっているとの立場に立脚しているが，それは，社会主義からスタートした場合の改革の進展であり，資本主義からスタートした場合のものではない点に留意が必要である。地方分権を許容する土壌を擁したうえで，中央政府，地方政府，国有企業の重層的な関係の上に，規制の範囲内の資本主義があるというのが実態であると考えられる。

(2)　中央政府，地方政府，国有企業の「放」と「収」に係る研究

「放」と「収」は，前述した通り，日本の研究者においては，藤本 (1991)

から梶谷（2016）まで，比較的長く受け入れられてきた考え方といえるが，中国国内における研究について確認しておきたい。

皮建才（2008）は，「中国には歴史的に，市場統一と市場分裂の2つの力学が働く。統一が望ましいが，経済格差が大きければ統一コストが高く，分裂を容認せざるを得ない」[20]と論じる。「統一」は「収」であり，「分裂」は「放」とみることができる。中国は，歴史的に，国土つまり市場の「統一」と「分裂」が繰り返されてきた。中央にとっては「統一」が望ましいが，地方間の格差が大きいと「統一」コストは高くなる。この歴史が，中央政府と地方政府にも当てはまるという見解である。換言すれば市場統一に向けた動きが「収」であり，中央政府としてはそれが望ましいということになる。他方で，現実的には国土の広大さと地方政府間の経済格差の大きさから一定程度の「放」を容認せざるを得ないというのが基本的なスタンスであると考えられる。藤本（1991）や梶谷（2016）の主張を，中国の内面から裏付けるものである。「放」と「収」は，このように，中央政府と地方政府の関係で捉えるのが一般的であり，「収」政策は政治主導という見方ができる。

他方で，国有企業改革が中央政府と地方政府の関係を変えたという見方がある点は注目される。張維迎・栗樹和（1998）は，「中央政府と国有企業との関係変化が，地方政府間の競争につながった」[21]と述べている。中央政府は，国有企業改革を進め，それまでの利益全額の政府への上納制度を利益への課税に改め，国有企業の内部留保を認めるようになった。その結果，国有企業から政府への上納金は減少することになった。地方政府は，傘下に地方政府系企業を擁するが，国有企業改革は地方政府系企業改革と一体で地方政府の歳入もまた減少した。そのため，「地方政府系企業の民営化を進めて，利益を伸長させる産業振興を図ることが地方政府にとっても得策になり，地方政府が独自の産業振興を行えるように緩和された」との指摘である。国有企業改革という，中央政府－国有企業の「放」政策が，中央政府－地方政府の「放」政策につながったとみることができる。伝統的に，地方政府に対しては，「統一：収」が望ましいと考えてきた中央政府だが，国有企業に対しては，企業活動の活性化のために，「分裂：放」政策を余儀なくされた。つまり，「放」政策は経済主導という見方ができる。

国有企業改革は進展して，民営化，さらに，株式市場への上場へとプロセスが進んでいったが，羅党論・唐清泉（2007）は，「上場企業の大宗は国有企業である。国有企業－国有銀行の親密な関係重視の融資が行われており，担保の市場評価融資が行われていない。体裁だけでなく，制度運用面の市場化が必須である」[22]と評価している。さらに，辛清泉・鄭国賢・楊徳明（2007）は，「上場企業において，国有企業，地方政府系企業，民営企業の区分で，投資効率と市場価値を分析した結果，民営企業のパフォーマンスが相対的に高い」と結論付け，政府の干渉をいかに抑制するかが課題であると述べている。国有企業改革という「放」政策は，大株主である中央政府，地方政府の意向を無視できず，それが投資効率や市場価値[23]のパフォーマンスに反映されているという見方ができる。

そこで，さらに経済主導の「放」政策を進めるのか，政治主導の「収」政策に戻るのかというジレンマが発生する。経済的に順調であれば，「放」政策は問題とならないが，経済的に行き詰まることもある。この際，誰が責任を取るかといえば，それは国有企業ではなく中央政府（地方政府系企業の場合は地方政府）ということになる。李景鵬（2003）は，「政府の権力は有限だが，政府の責任は無限である」[24]と主張している。1党制であるが故に，政策の失敗時には，責任は中央政府が負うことになる。そのためには，権力を保持し，いざとなれば責任を負うことが必要になるという信条があると受け取れる。

「放」と「収」は，中央政府，地方政府の関係から派生して，「統一：収」が望ましい。「分裂：放」を一定程度許容してきた歴史があるものの，政治的には「収」が是とされる傾向がある。他方で，国有企業改革という経済事象においては，改革開放政策として経済的には「放」が是とされる傾向がある。責任を負うのは国有企業だけではなく政府であるという国情から，いざとなれば，政治主導で責任を負う。その場面では，「収」が重視されると整理できよう。中国国内においては，アカデミック界においても，正面から政策批判を行うことは難しいと考えられ，政策に肯定的な主張が多くなっている。他方で，その分析視角からは，政治主導は「収」を肯定し，経済主導は「放」を肯定している点は共通している。潘維（2009）が提唱する国・民モデルと重ねると，「国：収」，「民：放」ともみることができる。国家としてこの混合モデルを選択していることにも，「収」と「放」の源泉があるといえそうである。

上記をまとめると，中国において，経済主導・民営化の方向性が強まると「放」となる。国有企業改革が，「放」の原動力になっているといえる。民主国家であれば，その方向に進むのが一般的である。他方で中国においては，歴史的に統一が望ましいという考え方から，政治主導・国有化は是であるという基盤がある。大きな政府を肯定していることから，経済主導・民営化の方向が行き詰まると，政治主導・国営化の方向性が強まり「収」となる。ここが，民主国家とは異なる，国・民混合式の国家である中国の産業振興の特徴であると総括できよう。

(3)　重点産業政策に係る研究

重点産業政策の政策過程については，中央政府の中核組織を，第1次五カ年計画を策定した国家計画委員会（その後国家発展計画委員会と改称，1952年～2002年）を起源とする国家発展改革委員会（2003年～）が担っている。佐々木（2015）は，経済政策の策定過程において，「目標設定レベルにおいては国務院（日本の内閣に相当）の指導者が決定に重要な役割を下し，目標設定レベルに基づく個別の政策を策定する基本設計レベルでは，国務院の部（日本の中央省庁に相当）が重要な役割を果たすが，ほぼすべての分野にかかわり，しかも多くの場合最も重要な役割を果たしているのが国家発展改革委員会である」[25]と指摘している。趙英（2015）は，「国家発展改革委員会は，個別のプロジェクトは各部に委譲して，自らは督促・監督の役を担う。実際には，プロジェクトの認可権という形で権力執行しており，これは，国家発展改革委員会と地方政府，国有企業との関係でも同様である」[26]としている。

大西（2015）は，中央政府を，マクロ政策官庁（国家発展改革委員会），産業官庁（一般官庁），国有企業に区分し，「マクロ政策官庁が五カ年計画政策策定，産業官庁が産業発展計画・年次計画を策定し，マクロ政策官庁が監督，その実行を国有企業が行い，産業官庁が監督する構図である」[27]と指摘した。また，「地方政府も，地方政府内に，マクロ政策官庁（発展改革委員会），産業官庁，地方政府系企業の体系を擁している」としている。

中国の重点産業政策に係る政策調整は，前述の佐々木（2015）が指摘する通り，先行研究は極めて少ないものの，国家発展改革委員会が認可権を駆使しつつ，各部，地方政府，国有企業の調整を担っていることを総括しているが，政府間調整の実態はやはり不明瞭である。筆者は，これらの先行研究をベースに，中央政府，地方政府，国有企業の3者による重点産業政策の調整機能についても明らかにしていきたいと考えている。

なお，日本においては，通商産業省（当時，現経済産業省）が第二次大戦後，外資企業の参入を抑制し，国内産業の保護・育成を重視する政策を採ってきたことが知られている。通商産業省が導入を試みた「特定産業生産振興臨時措置法」（通称，「特振法」）は，1962年～1964年に国会で3年に亘り審議され，結局廃案となったが，1970年代以降，同省主導の大型プロジェクト（「超LSI技術研究組合」（1976年），「第五世代コンピュータプロジェクト」（1982年）など）が度々行われた。山本（1993）は，「日本型産業政策は，過度な政府の介入が市場競争を歪め，内外資共存の発展を歪めた」[28]と批判している。池田（2016）は，「成功したものもあるが失敗に終わったものが多い」[29]と指摘している。この日本の戦後の産業政策は，政府主導で特定の産業振興を大規模に図るという点において，中国の重点産業政策の手法に類似するが，外資企業への市場開放という点では，中国のほうが一定程度開放的であるといえる。

日本の重点産業政策は，日本企業を守る色彩が濃厚であった。中国の場合は，外資企業を戦略的に活用することが前提となっている。ここは，外資企業に対するスタンスの違いが明確にあることを示していきたい。ただし日本の場合は，政策策定プロセスなどが国会審議などを通じて一定の透明性が保たれている。他方で中国においては，政策は五カ年計画に基づいて策定されるが，そのプロセスは対外的には不透明であり，中国国内においては政策是正圧力が働きにくいことも，米国などの国際批判の一因になっていると考えられる。

中国の重点産業政策については，第13次五カ年計画（2016年以降）で実行されている製造業振興策である「中国製造2025」が，米国から，国有企業重視で，外資企業の技術移転を強要する政策であるなどと批判されている。これに対して津上（2018）は，「中国の産業政策は，特定産業の振興を図る「ターゲティング政策」であり，これは1980年代の日本が，米欧へのキャッチアップのために行ってきた政策と類似する」[30]と指摘している。「日本の場合は，キャッチアップの目的を達成し，1990年代にはバブル崩壊も重なって，その政策を辞めたが，もしも継続していたら，世界の貿易体制から孤立していた」と指摘している。「中国は，米欧へのキャッチアップが終わっても，この政策を辞めず，未来の重要産業を中国が独占するのではないかという懸念が出ている。そのことが，世界の貿易体制を揺るがしている」と論じている。

中国は自国を「途上国」であるという認識を持っている。「途上国」は，「先進国」に比べると自らの政策を押し進める空間的な余地が大きい。他方で，対外的にみると，中国は2010年に名目GDPで日本を抜いて世界第2位となっており，近い将来米国に追いつき，さらに追い抜いていく可能性が高まっている。そのため，技術移転の強要の是正など「途上国」としての特権を放棄させるような圧力が，「先進国」から高まっていると推察される。

(4)　重点産業政策への外資企業の対応に係る研究

中国の重点産業政策に外資企業が呼応すべきかどうかという議論については，2つの議論がある。2000年代以降の中国の重点産業政策に関し，米国のHemphill and White（2013）は，「中国の産業政策は，新たな経済保護主義であり，2005年以降に，市場経済化は進むと同時に，政府による大型国有企業のサポートが強化されて，結果的に政府の関与は強まっている」[31]と結論付けている。「これらの結果，経営学者Michael Porterが提唱する，①競争環境・企業戦略，②需要条件・地元顧客，③関連産業・支援団体，④要素条件・投入資源，という4要素が自由競争を発展させるとする「クラスターダイヤモンドフレームワーク」が，いずれも中国政府の介入によって大きく歪められている」としている。さらに，主に外資企業が中国市場に参入するにあたっての課題を挙げているが，「規制，認証，政府調達，法制度，知的財産権を含む中国の産業政策は，外資企業にとって重大な参入障壁である」としている。特に，中国政府が外資企業に技術移転を求める一方で，中国国内の政府調達から排除されており，その技術が国有を中心とする中国企業に使われれば，外資企業には打撃となることを問題視している。「実際に，GE（米国），ウェスティングハウス（米国），川崎重工（日本）などの重電メーカーが，中国に技術供与を求められ，その後，中国の競合企業に技術が流出した」と指摘している。「中国では既に，発電プラント，原子力産業，高速鉄道などの産業・企業が現在は海外に輸出するほどに育っているが，これらの技術は，元来は外資企業が提供を求められたものがベースになっている」という指摘である。「中国の独占禁止法は，国内企業への適用が不十分であり，国有大型企業は，中国の市場成長によって生まれたものではなく，同国政府の五カ年計画によって生まれたものだ」と結論付けている。

他方で，欧州のPrud'homme（2016）では，中国の産業政策に対する外資企業の対応としては，リスクとチャンスの双方があるとの見方を示している。強み，弱み，機会，脅威（SWOT）分析のフレームワークを用いて，「中国製造2025」の基盤となった第12次五カ年計画（2011年～2015年）期に実行された「戦略性新興産業」政策期において分析を試みている。「脅威として，中国企業が得られる金融支援，不十分な知的財産権などがある」ことを指摘している。他方で，「機会として，外資企業のジョイント・ベンチャー（JV）相手や提携先，取引先の中国企業が重点産業政策に該当する産業・企業になると，外資企業もまた，税制優遇や，政府補助金，金融支援など，直接・間接的に様々な政府のサポートを得られる」[32]としている。中国の巨大な内需を取り込むことができ，中国に研究開発（R&D）センターを設置することで，中国政府の支援を得ることができる。これが，外資企業にとっては，一定の技術供与と引き換えに得られるメリットとしている。他方で，「重点産業政策の弱みとして，政府が想定した最終ゴールと実態が異なることが中国ではしばしば起き得る」ことを指摘している。これは，政府の将来に対する目利き力の問題ともいえるが，重点産業政策に指定され，中央政府，地方政府，国有企業の3者で協力するからといって，必ずしも当該分野が成功するとは限らない。重点産業内の競合が過熱して，過剰投資や過剰債務を招くことには留意が必要となろう。

Hemphill and White（2013）とPrud'homme（2016）の主張は，一見すると正反対だが，中国の重点産業政策が公平な競争を歪めている一方，重点産業内に入り込むことができれば高いリターンを得られる機会があり，外資企業は選択を迫られているという対比を示すという見方ができよう。中国による外資の戦略活用を，リスクとみるかチャンスとみるか，その違いが双方の視点を比較することで俯瞰化できるものと考える。

(5)　重点産業政策へのASEANの対応に係る研究

中国の重点産業政策は，周辺国にも影響を及ぼすようになっている。中国は世界金融危機以降，内需拡大策として高速交通網・電子商取引網の整備を図り，ハイテク産業の振興も米国との摩擦問題などを抱えながらも進めているが，地域開発やハイテク産業の振興に遅れるASEANは，中国のノウハウを導入したいという意向が強い。そのため，中国が自国とユーラシア大陸の連結性強化策として進める「一帯一路」政策にも，呼応する動きがある。日本もまた，ASEANにおいてはインフラ分野などを強化しているため，当該分野では日中は競合しており，日本企業にとっては，ASEANにおいて，中国の重点産業政策といかに向き合うべきかという課題が重要性を増してきている。

中国国内であれば土地や労働者を提供する地方政府の存在があるが，ASEANでその役割をASEAN政府が負うと，米国のHurley, Morris and Portelance（2018）が指摘するように，自国で投資資金を担えず，中国の中央政府や国有企業に依存すれば「債務の罠」問題が顕在化する。Hurley, Morris and Portelance（2018）は，「ASEANのなかでは，特にラオス・カンボジアの対中債務が警戒水準にある」[33]としている。これに対してMiller（2017）は，ラオス・カンボジアにおける現地調査を踏まえたうえで，「内陸国のラオスには，国内に反発はあったものの中国に依存する以外にはないという選択をし，カンボジアもまた，民主化を進める過程で対中依存を警戒する声もあったが，ラオスと同様の選択をした」[34]と分析している。このように，「下位中所得国」，かつ中国に地理的にも近い場合は，選択肢が限られるなかで，債務問題をある程度許容したうえで中国の重点産業政策に呼応しているものと考えらえる。

ところが既に「上位中所得国」となっており，「高所得国」入りを目指す発展段階のタイやマレーシアにおいても，中国の重点産業政策に呼応する動きがあることは注目される。タイのPunyaratabandhu and Swaspitchayaskun（2018）は，「中国の「一帯一路」の推進は，タイの地域開発を促し，中国人観光客の拡大も期待できる」[35]としている。マレーシアのYeoh, Chang and Zhang（2018）は，「中国は大学などの高度教育分野で協力しており，マレーシアの人材育成に寄与している点を評価する」[36]としており，喫緊の成長課題である，国内の経済格差の是正や，高度人材の育成面で，中国への期待が高まっている様子は興味深い。いずれも，「上位中所得国」から「高所得国」入りするにあたっての課題ともいえ，そのノウハウを中国に期待しているのではないだろうか。一方で，Punyaratabandhu and Swaspitchayaskun（2018）とYeoh, Chang and Zhang（2018）のいずれも過度な対中依存は警戒し，前者は「中国との交渉は，必要に応じてASEANとして行う」としている点は興味深い。ASEANにおいては，中国は中央政府，地方政府，国有企業の3者によるアプローチを図るのが困難であり，中央政府と国有企業のアプローチが中心となる。そのため，地方政府の役割を，日本，中国，ASEANで分散することは一考となろう。日本にとっては，ここにASEANにおいて中国の重点産業政策と向き合う際の商機と役割が出てくるものと考えらえる。

他方で，甲斐（2017）は，「タイは，歴史的に周辺国を競合させて，自国の利益を最大化する政策を採ってきた。昨今のタイの高速鉄道などのインフラ整備を巡る情勢も，日中を競合させることで自国利益の最大化を図ろうとしている」[37]と指摘している。日中の競合においては，入札では再編で大型化した中国の国有企業が，日本の民営企業がとれない低採算事業リスクをとって，優位に進めているケースが多い。他方で，実際のプロジェクトの採算性が確保できなければ，中国の国有企業は，落札しても利益の出ない勝者の呪い（Winner's Curse）に陥ることとなる。ここに，ASEANにおける日中協調の余地が出てくるものと考えられる。その際，中国の中央政府と国有企業の関係が，「放」の方向に向かうことを促すことがカギになると推察される。

(6)　先行研究を踏まえた未開領域

これらを踏まえて再度整理すると，まず(1)中国の中央政府，地方政府，国有企業に係る研究においては，中央政府と地方政府，中央政府と国有企業に「放」と「収」のサイクルがあり，3者の関係は緊密であるが，その距離感は伸長と収縮を繰り返している。そのなかで，国有企業は1990年代の「放」政策による経営の民営化と2000年代の「収」政策による再編を経て，結果的に大型化してプロジェクトのリスクテイク力が増大し，地方政府は，1990年代は，分税制の導入で税収を失うも，中央政府が「放」政策として容認した農地の転用という土地財政に活路を見出し，土地財政を原資とした産業振興を進めていく。その後2000年代に入ると，中央政府は「収」政策に転じて，地方政府の投資への介入を強めるようになっている。

中央政府と地方政府および中央政府と国有企業の関係が，「放」，「収」，「放」，「収」のサイクルを持っていることは明らかになったが（前掲図1-2），まだ明確にされてない部分は，どのタイミングでその変化が生じ，その要因は何かということである。

日本企業にとっては，「放」のタイミングであれば，地方政府，国有企業のいずれも改革が進んでいる時期であり，事業リスクは相対的に低下することになる。他方で，「収」のタイミングであれば，中央政府の介入によって，事業リスクが高まることになる。「放」から「収」への変化の節目は，景気の悪化や，それに関連するが，世界金融危機の発生（2008年～2009年）や米中貿易摩擦の顕在化（2018年～），さらに新型コロナ禍（2020年～）などの突発事項の発生時であると考えられるが，その詳細を明らかにできれば，日本企業は対応を行い易くなるだろう。

次いで，⑵中国の重点産業政策に係る研究においては，中央政府の統括組織として国家発展改革委員会が，中央政府内および地方政府・国有企業間の調整役・監視役として機能していることが明らかになった。他方で，中央政府，地方政府，国有企業の3者の連携によるキャッチアップ政策に対しては国際的な圧力が高まり，キャッチアップを巡る先進国と新興国の対立の要素も内包しているといえるだろう。

⑶中国の重点産業政策への外資企業の対応に係る研究においては，技術移転の強要への批判と，呼応することによる利得の確保の双方の見方があり，外資企業にとってジレンマがあることが明らかとなった。ただし，呼応した場合には，中国の重点産業政策が成功するか否かの見極めが必要となる。

中央政府，地方政府，国有企業の3者による産業振興は，中国が経済大国になるにあたって国際的な脅威と映りつつある。他方で，3者による産業振興は，持続性には疑義が残る。地方政府の財源は農地の転用による土地財政への依存を高めていることから，土地の新規供給が滞れば持続できず，供給が続いても，企業の土地需要が低迷すれば，土地価格の低下により土地財政は持続できなくなる。また，国有企業の民営化（「放」）を進めた先に，管理強化（「収」）

への回帰があるとすれば，それは事業会社としては，結局は中長期的には不効率な経営を強いられることになり，こちらも，持続可能とは言い難い。

⑷ ASEAN の中国の重点産業政策への呼応に係る研究においては，中国周辺の「下位中所得国」には，資本導入を図るうえで，中国以外の選択肢が限られることになり，それを対中借入で行うと「債務の罠」問題が顕在化する。「上位中所得国」は地方経済のボトムアップ・内需拡大のノウハウに期待しつつも，過度な対中依存は警戒している。ASEAN では，中国の地方政府の不在で，中国国内では有効となる中央政府，地方政府，国有企業の 3 者連携によるアプローチが行えない，無理なプロジェクト受注は，大型化した中国の国有企業といえども，事業継続性への過度な負荷となる。「収」から「放」への進展が求められる中国国内では，中央政府，地方政府，国有企業の 3 者による重点産業政策の実行は，着実に成果を挙げてきた。高速交通網の整備と EC の普及で国内市場の拡張と，地域開発を進捗させてきた中国のノウハウを周辺国は積極的に導入しようとしていることは認識しておく必要があろう。筆者は，「上位中所得国」としてタイを 2018 年 12 月，「下位中所得国」としてカンボジアを 2019 年 12 月に実証研究先として訪問した。その結果は，中国への期待は想定していた以上に高く，同国の中央政府，国有企業の存在感は際立ちつつあるが，過度な中国依存への不安も抱えているというものであった。中国の地方政府の役割が不在であるが故に，その役割を ASEAN 政府が担いきれないことで問題が生じており，これらの点を，本書では明らかにしていきたい。

このように，先行研究には，未開の領域が残っている。その領域を埋める一助となることに本書の意義があると考える。また，中国の改革進展が「放」の方向に向かうことと同一とすれば，なぜ「収」政策が続くのかという点も考察していくこととしたい。

注

1　部は省庁に相当し，財政部は日本の財務省に相当。

2　所有権は国にあり国有企業であるが，関（2005）p. 10 によると，2003 年に国有資産監督管理委員会が発足した際，国を代表して地方政府が共有することに改められ，実質的に地方政府の所有となっている。

3　2015 年に民営銀行が認可され，2019 年末時点で 18 行あるが，ネット銀行などの小規模行に留まる。

4　中央政府と地方政府の歳入の調整。詳細は第4章にて説明。

5　中華人民共和国は1949年10月1日建国。

6　出所：経済産業省『通商白書』(2018)。

7　酒向（2019b）p. 10参照。

8　2018年7月に米国は対中貿易が不均衡として，対中輸入品の一部に追加関税を発動した。その後，追加関税対象は広がり，さらに，技術・情報漏洩などの観点から，米国は，特定中国企業との取引を停止するように，米国の企業のみならず，世界の企業に対して働きかけている。

9　酒向（2016）p. 38参照。「中国製造2025」は中華人民共和国建国100年を迎える2049年までを見据えた超長期計画の第一歩ということになる。

10　渡辺（2013）pp. i–ii参照。

11　潘維（2009）p. 15参照。

12　加藤（2013）pp. 13–19参照。

13　梶谷（2016）p. 186参照。

14　藤本（1991）pp. 1–2参照。

15　杜進（2011）p. 106参照。

16　杜進（2013）p. 81参照。

17　任哲（2012）pp. 93–95参照。

18　朱炎（2013）pp. 41–56参照。

19　Coase and Wang (2012)（コース・王（2013）p. 44）参照。

20　皮建才（2008）p. 115–116参照。

21　張維迎・栗樹和（1998）pp. 14–15参照。

22　羅党論・唐清泉（2007）p. 160参照。

23　辛清泉・鄭国賢・楊徳明（2007）pp. 139–140参照。

24　李景鵬（2003）p. 17参照。

25　佐々木（2015）p. 4参照。

26　趙英（2015）pp. 44–47参照。

27　大西（2015）p. 90参照。

28　山本（1993）p. iv，p. 54参照。

29　池田（2016）p. 1参照。

30　津上（2018）pp. 34–35参照。

31　Hemphill and White (2013) pp. 193–212参照。

32　Prud'homme (2016) pp. 103–115参照。

33　Hurley, Morris and Portelancen (2018) pp. 16–19参照。

34　Miller (2017)（ミラー（2018）pp. 124–137）参照。

35　Punyaratabandhu and Swaspitchayasku (2018) pp. 333–341参照。

36　Yeoh, Chang and Zhang (2018) pp. 298–317参照。

37　甲斐（2017）p. 47参照。

第2章

中国の中央政府，地方政府，国有企業による重点産業政策

第1節　中国の国家体制の特徴

(1)　国家の体制（政治形態）

本章では，まず中央政府，地方政府，国有企業から成る中国の国有セクターの特徴を理解する。そのうえで，これら3者が重点産業政策をどのように実施しているのかを明らかにする。

中国においては共産党が政府の上位にあり，党が政府を指導する体制となっていることにまず触れておく必要があろう。中央政府，地方政府，国有企業は，すべて党の指導下にあり，3者による産業振興は，体裁的には党の意向に沿った形で行われていることになる。実際に，国家のトップは党総書記で，政府部門の国務院総理（内閣総理大臣に相当・首相）より上位である。地方政府にも党書記がおり，省長より上位である。国有企業のトップも党籍上の役職を持っており，党の有力者でもある。党の中央組織部が，中国国内の政府部門の人事に大きな影響力を持ち，党の宣伝部がメディアも統制しているとされる。

党機関紙である人民日報などを通じてその政策を随時対外的にも示しているが[1]，党の公式なホームページ（HP）はいまだに開設されておらず，党の政府への関与の手法は非公開となっている。ただし，党と中央政府は事実上一体化している点に留意する必要があろう。このことは，党政不分[2]と言われる。実際に，中国の国家指導者は，党の役職と国家機構の役職を兼任していることが多く，党の指導者である党中央常務委員7名の内，習近平中央常務委員・総書記（党）：国家主席（中央政府），李強中央常務委員（党）：国務院（内閣）総

理（首相，中央政府），趙楽際（党）：全国人民代表大会（全人代）委員長（中央政府），王滬寧中央常務委員（党）：全国人民政治協商会議全国委員会主席（中央政府），丁薛祥中央常務委員（党）：国務院副総理（中央政府）の5名が兼任である。

中国においては，中央政府に国家主席という国政の役職がある。儀礼的な存在であった時期もあるが，1993年以降は党総書記が国家主席を兼ねる[3]ことで，名実ともに最高指導者ポストになっており，党と中央政府の二重権力は国家レベルでは解消されているとみることもできる。中国共産党は，5年に1度党大会を開催して党・中央政府の体制を改め，5年の期間中に，党中央委員会の全体会議を概ね年1回程度開催して，重要な政策を決定する。この決定が，全人代や国務院の決定より優先されることが，党が政府をコントロールしていると目される一因となっている。立法化は全人代の可決をもって進められ，具体的な政策対応は，首相，副首相などが参加する国務院常務委員会で決められるが，党で大枠の方針を決められた範囲内での対応となる。

このように，党と中央政府は不可分となっているため，産業振興において，党の政府への関与に係る先行研究は極めて少ないのが実情である[4]。そのなかで，McGregor（2010）の報告は貴重な示唆に富んで実態に迫った希少な研究である。党が中国の実権を握っていると結論付けている[5]が，党の政策関与事例紹介では，党による地方政府と国有企業および民営企業の管理に主軸が置かれている。このことは，一党制である中国において，党は中央政府とは事実上一体化していることを示していると考えられる。選挙制度のある民主国家では政党に所属する政治家と公務員である官僚を区分できるが，選挙制度のない中国では政治家は共産党員，官僚もまた大宗が共産党員であり，政党と政府の区分が不明瞭となることが一因と考えられる。実際に，中国において大臣に相当する部長[6]は，次官に相当する副部長の次のポストであることが多く，さらにその上位の党の国務委員は，大臣の次のポストであることが多い。

他方でMcGregor（2010）が指摘するように，党が政府機構のすべてを管理・掌握しており，真に上位下達が徹底しているのであれば，前章の先行研究でみてきたような，中央政府と地方政府，中央政府と国有企業間に「放」と「収」のサイクルがあることとは矛盾が生じる。

また，前述した通りCoase and Wang（2012）は，「新生中国の創始者である毛沢東国家主席が，中央集権度の高い旧ソ連の体制への疑義から，建国時から地方分権を進めてきた」[7]と指摘しており，中国においては，元々，権限移譲の体質があったという見方もできる。党は，中央政府と事実上一体化しているものの，地方政府や国有企業のすべてを管理・掌握はできていない。そのため，党≒中央政府，地方政府，国有企業との間に「放」と「収」のサイクルがあると考えたほうが整合的であろう。

前述したように，共産党の政府への関与における特徴の1つに，中央組織部の存在がある。事実上党が政府の人事権を握っていることで，政府を掌握しているともいえるが，人事評価は，党への直接的な貢献もあるが，多分に政府機関における業績で評価される。そういう意味でも，党が政府よりも形式的に上位であるが，党と政府は一体的に運用されていると考えられる。

中国の体制は，中国という国家を1つの企業にたとえると，共産党は企業の経営の中核を担う企画部および人事を司る人事部とみることもできる。本社は中央政府であるが，企画部・人事部がその中枢である。地方政府は，地方支店であるが，広大な国土と人口を擁するため，一地方支店といえども，傘下に巨大な生産網と販売網を擁しているといえる。国有企業，本書で論じるのは主に中央政府系国有企業（中央企業）であるが，これらは，従来は中央政府の一部門から派生したり，中央政府主導で設立された企業であり，グループの中核関連企業とみることができる。中核関連企業のトップは，本社の役員出身者が務めることに違和感はないが，実際に大型国有企業のトップは，閣僚級であることが珍しくない。

このように，党と中央政府は一体的に運用されていると考えられるが，財政に基づく産業への資金配分，それに伴う政策執行は，あくまで政府機関によって実行されている。当該分野であれば，公開情報も多く先行研究も一定程度ある。また，日本企業が直接接触することになるのは，通常は，党ではなく政府である。

そこで本書では，共産党に対する直接的なアプローチは制約が多いことを踏まえ，原則としては党≒中央政府という考え方に基づいて，政府組織に焦点を当てて研究を進めるが，検証可能な範囲で党の関与にも触れることとしたい。

(2)　国家による土地のコントロール（資本形態）

中国は社会主義国であるが，一定の私有財産は認められており，国有と私有の区分は一見複雑である。そこで，資本形態を確認しておきたい。

北京大学国際関係系学院教授の潘維は，「中国モデル（中国語では中国模式）」を提唱したことで知られる。そこで，同教授の指摘から中国モデルの特徴を深耕しておきたい。潘維（2009）において，中国の経済形態の特徴を，① 国家による土地の独占的利用，② 国家による重点産業・企業のコントロール，③（家計とコミュニティの中小企業を基盤とする）自由な労働市場，④（家計とコミュニティの中小企業を基盤とする）自由な商品・資本市場に特徴があると定義[8]している。そのため，中国経済は，「国」と「民」の混合経済であるとしている。

潘維（2009）は，国家による土地の独占的利用に係ってさらに，生産3要素である「土地」，「労働」，「資本」の内，「土地」が国有[9]である一方で，「労働」・「資本」は私有化が進んでいると定義しており，土地の価格は，政府がコントロールしているが，労働力・商品価格は，市場経済化が進んでいるとしている（図2-1）。このことから，資本形態においては「土地」のコントロールにこそ中国の特徴があるといえる。

さらに潘維（2009）は，中国は混合経済によって，計画経済実行のスピードアップ，市場経済への適応，国民生活レベルの向上，労働市場の調整，企業間の競争，製品生産量の拡大を図ることができるとしている。この背景にも，国

図2-1　中国モデル

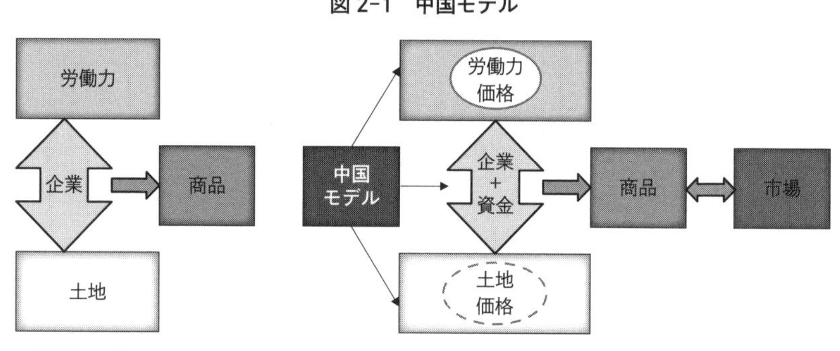

（出所）潘維（2009）p. 16。

家による土地のコントロールが強固で，国家が開発用地の拠出を図れることが，計画経済実行のスピードアップの一助となっていると考えられる。

もっとも，中国モデルを巡っての議論を深耕すると，中国の2001年末の世界貿易機関（WTO）加盟から間もない時期には，何増科（2003）が，「中国には①経済優先，②政治安定優先，③選挙民主化優先，④党内民主化優先，⑤国家能力建設優先，⑥政治文化建設優先の6つの選択肢がある」[10]と提言するなど，一層の自由化の選択肢も議論されていた。ところが，2008年～2009年の世界金融危機以降は，朱可辛（2009）が，「米国式民主主義は，所得の不平等を招いたと世界的な不満が高まっており，中国の社会主義モデルが注目されている」[11]と述べているように，国・民経済を堅持する中国モデルへの自信が深まり，王紹光（2011）は，「中国は30年で貧困人口を5億人減少させた。これは人類史上世界最速であり，貧困削減・民衆福祉発展の経験を，世界と共有すべきである」[12]と主張するなど，中国モデルの輸出まで提唱するようになっていく。

潘維（2009）は，「中国モデルは独特であり，①旧ソ連式の統制経済，②米英式の市場経済，③北欧型の高福祉，④戦前の日独型の国家資本主義，いずれも当てはまらず，国家と民衆による相互的な，社会主義市場経済である」としており，あくまで，中国独特の発展モデルであると強調している。

次に，国家による土地の独占的利用に係る部分を，国家を中央政府と地方政府に区分してみてみる。中国では非農地は国（中央政府）の所有[13]である。ただし，その利用権は年限50年などの制限はあるものの売買されており，事実上有期の私有権は認められている。他方で，農有地は集団所有という形で農村が所有しているが，自由に非農地に変えることはできない。非農地に変える権限は，1998年に「土地管理法」[14]が制定されて以降，地方政府に委ねられている。そのため農地を非農地転換して，利用権を販売することは，事実上地方政府の専管事項となっている。土地は中央政府が所有しているが，地方政府が農地の非農有地への転用の独占的な利用の権限を有していることから，土地の新規供給分は，相当程度を地方政府がコントロールしている。このことが，中国の資本形態の特徴の1つといえよう。

民主国家であれば，地方政府には，このような強権的な権限の付与は認められない。開発の際には土地収用が大きな課題となり，必然的に開発コストも時間もかかる。中国と対比される新興国である民主国家のインドやインドネシアにおいては，私有地である土地収用が頓挫するケースが散見されるが，中国において土地収用が進む[15]背景には，土地の所有者は中央政府であり，農地を非農地に変える権限が事実上地方政府に委ねられており，地方政府が新規の土地を独占的に供給できるという構造にある。

任哲（2012）は，地方政府による農地の非農地転用の実情を，複数の地方政府のケース[16]で明らかにしている（図2-2）。地方政府にとっては，農地の収用の際の農民への補償額と，農地を工業用地に転用して外資企業に使用権を販売する販売額の差異が収益となる。ただし，任哲（2012）が取り扱ったケースでは，この収益は，地方政府が誘致した外資企業への出資金という形で還元されている（詳細は第4章で後述）。外資企業にとっては，形式的には地方政府の資本の受け入れということになるが，実質的には地方政府から補助金を受け取ったのと同じことになる。

このように国家による土地のコントロールは，地方政府の土地財政を可能とし，このことが産業振興にもつながる。課題となるのは，土地を手放した農民

図2-2　地方政府の補助金の原資：土地財政で補助金拠出

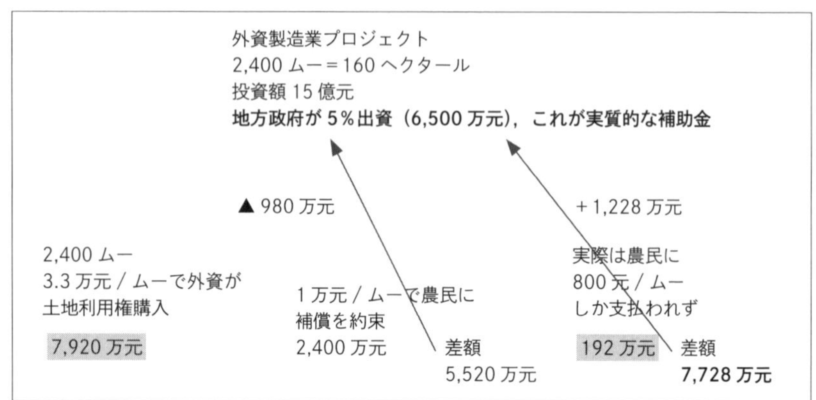

（注）外資企業の進出により，地方政府が事実上保有（所有権自体は国）する土地の価格は上昇する。これによって，地方政府は，開発に必要なインフラ整備の資金を回収することができる。

（出所）任哲（2012）pp. 93-96より，筆者作成。

の処遇ということになる。強権の発動が，農民の強い反発を招くことは必致である。他方で，農地の転用後に産業振興が進めば，土地を手放した農民にとっても雇用機会が増えることになり，仮に手放さなかった周辺の農地の収用価格が上昇すれば，農民も受益を受けることができる。この両面を勘案する必要はあろう。また，農地の供給が細れば，地方政府は新規の土地供給ができなくなる点も留意が必要であろう。

(3)　国家による重点産業・企業のコントロール（産業形態）

他方で，潘維（2009）は，重点産業・企業は政府のコントロールが強いとしており，このことは，重点分野においては「労働」・「資本」の分配においても，国家の関与が強いことを示している。中国において，主要な金融機関は国有であり，これらの国有金融機関を通じて，金融市場をコントロールしている。また，石油，鉄道，道路，航空，電力，通信，水道などのセクターは国有であり，教育，体育，文化，医療などの分野もまた国有である。

なお，重点産業は，① 内需拡大，② 外需拡大，③ 製造業の高度化の 3 点に力点が置かれて選別されている。筆者は，中国商務部国際貿易経済合作研究院（商務部研究院）と 2008 年度から 2016 年度まで 9 年間に亘って中国の産業振興に係る共同研究[17]を行ってきた。当該時期に限ると，① 内需拡大においては，地域開発とサービス業の深耕，② 外需拡大においては，対新興国輸出さらには，対新興国，特に近隣 ASEAN への投資，③ 製造業の高度化では，グリーン政策（環境投資）とインダストリー 4.0 対応（デジタル投資）に軸足が置かれてきたと考えられる。

そのなかで製造業の高度化に着目してみる。製造業における重点産業は必ずしも明確にはされてはいないが，国家発展改革委員会が策定する「五カ年計画」が指標の 1 つとなる。例えば，第 12 次五カ年計画（2011 年～2015 年）では「戦略性新興産業」，第 13 次五カ年計画（2016 年～2020 年）では，第 14 次五カ年計画（2021 年～2025 年）まで見据えた「中国製造 2025（図 2-3）」を打ち出しており，そこで打ち出された分野は明確に重点産業であり，国家が産業育成に注力する分野といえよう。

図 2-3　戦略性振興産業と中国製造 2025

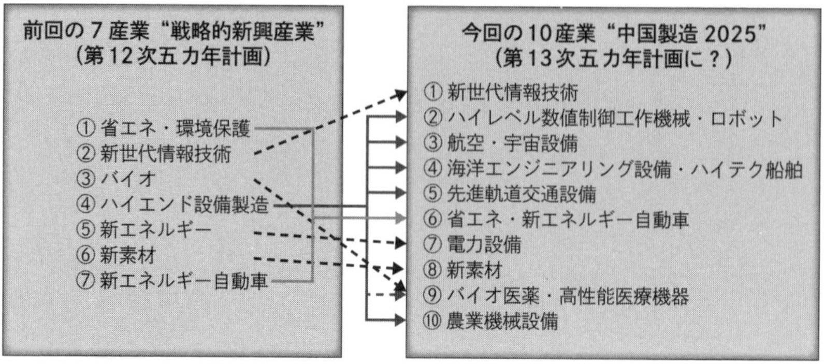

前回の7産業“戦略的新興産業”（第12次五カ年計画）

① 省エネ・環境保護
② 新世代情報技術
③ バイオ
④ ハイエンド設備製造
⑤ 新エネルギー
⑥ 新素材
⑦ 新エネルギー自動車

今回の10産業“中国製造 2025”（第13次五カ年計画に？）

① 新世代情報技術
② ハイレベル数値制御工作機械・ロボット
③ 航空・宇宙設備
④ 海洋エンジニアリング設備・ハイテク船舶
⑤ 先進軌道交通設備
⑥ 省エネ・新エネルギー自動車
⑦ 電力設備
⑧ 新素材
⑨ バイオ医薬・高性能医療機器
⑩ 農業機械設備

（出所）三尾（2015）「中国製造 2025 と日本企業」。

(4)　競争する地方政府（統治形態）

加藤（2013）は，競争する地方政府を，中国の特徴の1つ[18]としている。中国の各地方政府は，産業振興・地域開発を巡って競争を繰り広げている。地方政府は，傘下に地方政府系企業，地方政府系銀行を抱えたフルセットの経済体であり，人口規模は数千万人に達し，事実上1つの国家という見方もできる。1994年の分税調整の結果，中央政府と地方政府の財源は中央政府主体に変わり，その結果，地方政府は財源不足に陥り，土地財政への活路を求めるようになっていった。1998年に「土地管理法」が制定されたことで，地方政府の土地財政は，確固たるものとなっていった。筆者は，これらの一連の事象が，地方政府間の産業振興競争を後押しすることにもなったと考えている。

さらに，地方政府幹部が，地方政府における実績で昇進が決まることから，地方政府幹部の昇進競争モデルが地方政府間の競争を促しているという見方が根強くある。中国において，中央政府，地方政府，国有企業が党の指導下にあり，中央組織部が人事部の役割を担っていることは前述したが，地方政府の幹部時の実績が，中央政府の幹部に昇進するにあたっての試金石となっていることは知られている。地方政府に赴任した際の産業振興の実績が昇進を左右することが，各地方政府が激しい競争を行う一因になっていると考えられる。

田中（2012）は，「5年に1回の党大会で選出された地方のトップは中央から派遣され，5年の任期でまた別の場所に移動する。高い実績を挙げれば中央に呼び戻され，より高い地位に就くこともできる。かつてはその重要な業績基準は，その指導者が周辺の地域よりも目立って当該地域を発展させることであった。これは典型的に，その地域の域内総生産の成長率で示される。当該地域の成長率が全国GDP成長率よりも高ければ，その指導者は地域の発展に成功したと見なされることになる」[19]と指摘しており，昇進競争モデルを肯定している。地方政府における党の役職として，党書記以外に，組織部長，宣伝部長，統一戦線部長などが置かれているが，地方政府の人事を取り仕切る組織部長には強い権限がある。地方政府を，トップのみならず，幹部レベルでも人事権で統制していることは事実である。

他方で，磯部（2019）は，「中央がいくら省指導部に対して人事権を行使しようとしても，地方幹部全体の協力が得られなければ政策を有効に実行することができないため，中央が省指導者に対する人事権を有しているからといって，実際に地方を完全に統制し得るわけではない。中央としては，省指導者を交代させるだけでは，その効果は限定的であるため，地方からの要望に耳を傾け，地方の状況や利益に配慮しないわけにはいかない」[20]と指摘しており，中央の地方への管理は，人事権掌握だけでは不十分であるとしている。中央と地方の協調の結果，各地方政府の競争が促されているとの見方であるが，昇進を目論む中央派遣者の意向と，地域振興を進めたい地方政府の意向が合致する必要性を指摘している点では，広義では昇進競争モデルを容認しているとも受け取れよう。

田中（2012），磯部（2019）のいずれも，中央という言葉を，明言は避けるも党≒中央政府の意味で使用している点は注目される。中央政府の地方政府の管理を図るうえで，党による人事権の掌握が，管理手法の１つになっていることに疑問の余地はない。

上記を踏まえると，地方政府は地方政府系企業，地方政府系銀行という執行機関を擁しているうえに，土地を掌握したことが地方政府の経済成長意欲を強め，そこに，トップおよび幹部の昇進競争モデルが重なって企業誘致の競争が起こり，地方経済の活性化につながってきたと考えられる。

なお，潘維（2009）は，中国の政治体制に対し，シンガポール，台湾，香港との比較を行っている。中国においては，行政指導があり，選挙制度は弱い点で，シンガポールに類似するが，シンガポールは法治が強いのに対して，中国は弱い[21]としており（表2-1），相対的に行政指導の余地が大きいという見方ができる。中央政府の地方政府に対する行政指導が緩和的かそれとも強権的かによって，中央と地方の関係は変化が生じるということになる。

中国では，地方政府（省）レベルではないものの，都市レベルでは競争力ランキングが様々な分野で中央政府の監修の下で公表されており，実質的に地方政府の競争が促されてきた。

他方で，過度な競争は，過剰投資や過剰債務といった弊害も生み（図2-4），環境への負荷も限界を超えるケースが散見されるようになっている。そのため

表2-1　中華圏における政治体制の共通点と相違点

国・地域		主導執政党	行政指導	選挙政治	法治
シンガポール		人民行動党	有り	弱い	強い
中国大陸		共産党	有り	弱い	弱い
台湾	過去	国民党	有り	弱い	弱い
	現在	無し	比較的無い	強い	弱い
香港	過去	英国	有り	無し	強い
	現在	無し	比較的無い	比較的強い	比較的弱い

（出所）潘維（2009）p. 1。

図2-4　一人当たり名目GDPと政府債務の対名目GDPの推移

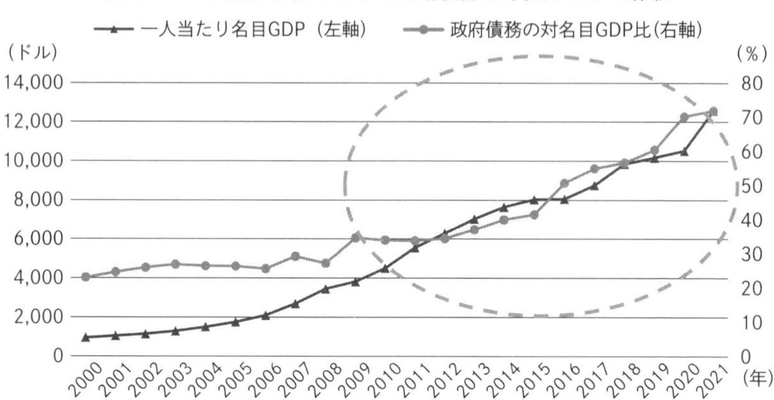

（出所）IMF "World Economic Outlook Database" (Apr.2023) より，筆者作成。

都市レベルでは，経済ランキング（2018年の上位は，上海市，北京市，深圳市，広州市，天津市）と環境ランキング（2018年の上位は，深圳市，三亜，海口市，普洱市，北京市）の双方を発表[22]し，両社のバランスを促すようにもなっていることは追記しておきたい。

前述した通り梶谷（2016）は，中央政府と地方政府の関係は，放任にして自由化を促す「放」政策と，管理を強めて集権化を図る「収」政策のサイクルがあると指摘しているが，「放」と「収」は，中央政府に所属する国家発展改革委員会が持つ認可・監督権限によってもたらされている部分もあると考えられる。国家発展改革委員会が認可・監督を緩和すれば，地方政府，国有企業は，自主独立運営を強めて，自らの利得の最大化に動くことになる。逆に認可・監督を厳格化すれば，独自には動きにくくなり，中央政府を懐柔するための働きかけに時間を要し，プロジェクトの認可・融資を容易には得られなくなる。

また，共産党の組織部は，地方政府や国有企業の幹部の人事権を掌握している。党≒中央政府という考え方に立脚すれば，国家発展改革委員会の調整に加えて，党の昇格・降格人事によっても，「放」と「収」のサイクルは派生していると考えられる。「放」の時点では，地方分権と企業分権が進んでおり，日本企業を含む外資企業にとっては，ビジネスリスクは相対的に低くなるといえるであろう。改革開放の進展は，中国の地方政府，国有企業のビジネスパートナーへの期待が高まり，外資企業には追い風になる。他方で，「収」の時点では，改革開放は停滞し，地方政府や国有企業のプロジェクトが見直しを迫られる。日本企業を含む外資企業にとってのビジネスリスクは高まると考えられる。そのため，「収」と「放」の潮目を探ることが肝要となる（前掲図1-2）。なぜ，方針変更が行われるのか，その法則性を見出すことができれば，ビジネスリスクの軽減に資する。

2008年～2009年に世界金融危機が発生したが，その際に行われた重点産業政策は，第1に輸出振興から内需拡大へのシフトであり，第2に輸出振興の矛先を先進国から新興国にシフトすることであった。第3に重厚長大産業重視からハイテク産業重視への転換も進められた（表2-2）。これらの結果，中国は名目GDPで世界第2位の経済大国となった（前掲図1-1）。

その際，中央政府，地方政府，国有企業はどのような役割を担ったのか，次節以降でみていくこととしたい。

表 2-2　世界金融危機以降の中国の重点産業政策

	金融危機以前	金融危機以降	手法
重点産業政策 ①	輸出振興	内需拡大	高速交通網整備，電子商取引網整備
重点産業政策 ②	先進国重視	新興国重視	周辺国向けインフラ輸出
重点産業政策 ③	重厚長大産業育成	ハイテク産業育成	重点 10 大産業特定

（出所）中国商務部国際貿易経済合作研究院より，筆者作成。

第2節　中国の中央政府，地方政府，国有企業による重点産業政策の実行

(1)　政策過程

重点産業政策の政策過程は，党，国務院（内閣）の審議を踏まえたうえで，中央政府内の国家発展改革委員会が「五カ年計画」を策定することにより始動する。中国において国家発展改革委員会は，一般省庁の上位に置かれたマクロ政策官庁である。「このような役所は，日本には存在しない。強いて例えれば，内閣府の経済政策の企画・調整機能，財務省主計局の予算調整機能，経済産業省の産業政策やエネルギー政策の策定機能，国土交通省の国家プロジェクト計画や地域開発計画の策定・事業認可の機能等を含め合わせた，経済全般にわたる総合的な企画調整機能を有する存在」[23]とされる。

国家発展改革委員会は，実際の財政を担う財政部や産業政策を担う信息産業部，商務部などの部よりも上位組織であり，産業官庁を監督する権限も持つ。大西（2015）[24]は，重点産業政策の執行を，国家発展改革委員会が策定する「五カ年計画」に基づいて各部が産業発展計画を策定，産業年次計画を策定し，これを国有企業が中心になって執行していく構図であると説明している（表2-3）。

なお，地方政府にも発展改革委員会が置かれている。具体的には北京市発展改革員会，上海市発展改革委員会などがある。地方政府毎に部があり，地方政府系企業，さらに地方政府系銀行もある。地方政府は，1つの完結した経済体

表 2-3　産業振興に係る中国の中央政府，地方政府，国有企業の関係

		五カ年計画策定		産業発展計画		産業年次計画		行政権限
		策定	執行	策定	執行	策定	執行	
中国共産党		○	監督					監督
全人代専門委		○	監督					監督
中央政府	マクロ政策官庁	◎	◎	○	監督	○	監督	○
	産業官庁	○	○	◎	◎	◎	◎	◎
	国有企業（中央企業）	△	○	△	○	△	○	
業界団体				△	○	△	○	△（行政補助）
民間企業・外資企業			○		○		○	
地方政府	マクロ政策官庁	△	○	△	○	△	○	○
	産業官庁	△	○	△	○	△	○	◎
	地方政府系企業	△	○	△	○	△	○	
オピニオンリーダー		○		○		○		政策建議，世論形成

◎主導的立場から関与　○行政管理上の関与　△間接的関与
（出所）大西（2015）p. 90。

を構築しているといえる。大西（2015）は，地方政府内においても，地方政府の発展改革委員会が各地方政府の「五カ年計画」を策定し，産業官庁が産業発展計画と産業年次計画を策定し，これを地方政府系企業が中心になって執行している構図であると説明している（表 2-3）。

1つの経済体を構築している地方政府においては，地方政府間の連携のインセンティブは希薄で，むしろ地方政府系企業間には競合がある。地方政府間の調整には多大な労力を要すると推察される。国有企業同士も，同業であれば当然競合があり，企業間の調整が容易ではないことは想像に難くない。

それでは，これらの複雑で巨大な組織を，どのようにマネジメントしているのかという疑問が浮かぶ。佐々木（2015）は，その役割もまた，国家発展改革委員会が担っていると結論[25]付けている。国家発展改革委員会は，地方政府，国有企業へのプロジェクトの認可・監督権限を有しているが，この権利を活用しつつ，調整を行っているとしている（図 2-5）。

国家発展改革委員会の手法は，中央政府が上位下達で，地方政府および国有企業に命じる形ではなく，一定程度地方政府および国有企業に任せつつ，全体

図 2-5　マクロ政策官庁で五カ年計画を策定する国家発展改革委員会による，中央政府，地方政府，国有企業間の調整

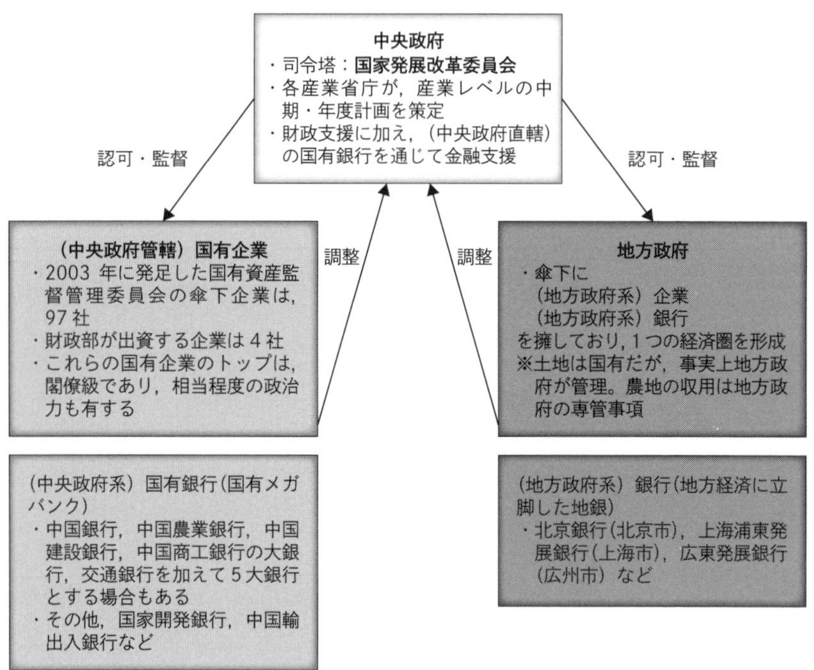

（出所）筆者作成。

をマネジメントするスタイルといえるだろう。中国は，体裁としては中央集権国家であるが，一定程度地方分権および（中央政府・国有企業間の）企業分権を認めており，ここに，中国の国家としての特徴があるといえる。

(2)　内需振興策

それでは，具体的には中央政府，地方政府，国有企業によって，どのような重点産業政策が行われているのだろうか。本書では，中国が世界第2位の経済大国に飛躍することになった2008年～2009年の世界金融危機以降に焦点を当てて，重点産業政策の概要を確認しておきたい。

2008年～2009年の米国発の世界金融危機で露呈したのは，中国が経済成長のけん引役に据えてきた外需には当面期待できない外部環境に陥ったというこ

とであった。そこで中央政府は，経済政策の軸足を，外需から内需に置くこととなった。日本の面積の約24倍という広大な国土を擁する中国において，沿海部と内陸部には経済格差は深刻な政策課題となっていた。外資企業の進出が進んで輸出振興がけん引役となった沿海部は経済発展が進み，2008年8月の北京五輪開催は沿海部開発の集大成でもあったが，内陸部は成長から取り残されてきた。

西部大開発[26]の掛け声のもと，従来から内陸部開発は重視されてはきたものの，沿海部開発には劣後してきた。そこで，2008年9月のリーマンショック後，4兆元の景気対策を打ち出して，主に内陸部開発に注力することになった。同時に，沿海部と内陸部の中核都市を高速道路と都高速鉄道で連結し，沿海部と内陸部を一体市場とすることが重点産業政策となった。その後，内陸部開発と高速道路・高速鉄道建設が急ピッチで進められ，特に高速鉄道では，広大な国土を活かして瞬く間に総延長距離で世界最長[27]に台頭する。

これらのインフラ整備を支えたのは，主に国有の鉄鋼メーカー，セメントメーカー，高速鉄道車両メーカーなどであり，国有銀行の融資がこれらの開発を金融面で支えたことになる。そして，労働力の供給も含めて開発の舞台を提供したのは地方政府であった。中国では非農地は国有であるが，農民の集団所有である農地の非農地への転用は地方政府の専管事項であり，この手法で地方政府が新たに広大な土地を拠出したことが，中国全土における高速交通網整備を可能にしたといえるだろう。

中央政府が青写真を描き，地方政府が生産要素を供給して，国有企業が執行する。これが，世界金融危機期以降の重点産業政策の概要であり，内需基盤を拡大する際には，有効に作用した。

さらに，中央政府は，国内消費を底上げするうえで，小売店舗網の不足や営業時間の制約を打破することが可能な電子商取引に着目し，電子商取引（EC）の導入も促していく。その結果，アリババ集団[28]，テンセント[29]のような民営の巨大ECプラットフォーマーが育ち，内需活性化の一役を担うようになった。

他方で，中央政府はECプラットフォーマーへの関与を，ネット規制強化などを通じて徐々に高めている。有望な民営企業への政府関与を強めることで，

図 2-6　中国における国有セクターと民営セクター別固定資産投資

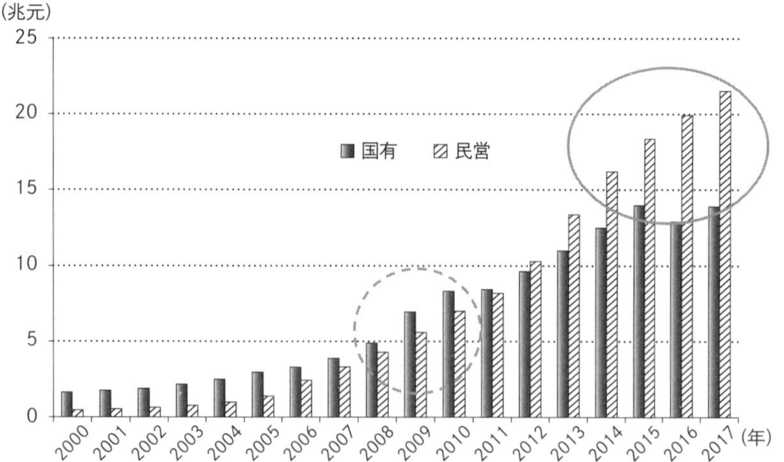

（注）明確に国有と民営となっているもののみ抽出。その他，持ち株会社の比率が高まっているが，国有・民営の区分が不明瞭なため除外した。
（出所）中国国家統計局より，筆者作成。

国有企業のみならず，有望民営企業も重点産業政策の実行役として取り込んでいく姿勢とみることもできよう。

実際に，世界金融危機直後は，2008 年～2010 年の国有セクターの固定資産投資が伸長しているが，2010 年代半ばになると民間セクターの固定資産投資が上回るようになっており（図 2-6），このことは，中央政府が，国有企業に加えて，有望民営企業を政策実行役に取り込んでいる証左という見方もできよう。

(3)　外需振興策

外需より内需に軸足が置かれることになったが，外需においては米国以外の新たな市場開拓が急務となっていた。そこで，中国政府が着目したのは，自国製品の競争力が発揮しやすい新興国・地域であった。アフリカや中南米も含めたグローバルで大規模なものであるが，なかでも中国の周辺の ASEAN との貿易拡大は地理的要因から貿易振興がより容易であった。東南で隣接する ASEAN とは，自由貿易協定（FTA）を 2010 年に本格発効[30]し，アジア域内の貿易拡大に注力していくこととなる。同時に，西北で隣接する中央アジア諸国とも，関係強化を図る。

2013年に習近平政権が発足すると，早速外遊先の中央アジアの隣国カザフスタンで「陸のシルクロード（一帯）」，ASEANのインドネシアで「海のシルクロード（一路）」構想が打ち出された。これが「一帯一路」構想であり，輸出振興と同時に，国内の内需開発で得たノウハウの輸出も模索するようになり，高速鉄道などのインフラ輸出が新たな重点産業政策に位置付けられていくことになる。

2015年には，「一帯一路」を支える金融機関としてアジアインフラ投資銀行（AIIB）が設立され，2017年から２年に１回「一帯一路国際フォーラム（一帯一路サミット）」が開催[31]されるなど，重点産業政策から，中国の「対外政策の中核」へと昇華している様子がうかがえる。

「一帯一路」政策の実行役を担っているのは，中国の国有企業である。他方で，中国の地方政府は，中国国外における存在感は希薄である。例えば，ASEANにおいては，中国における地方政府の役割を，ASEAN政府が担うことになる。中国の国有企業は，生産要素の提供を行うことができても，中国国内で行えた地方政府の土地財政などの手法は活用できない。そのため，中国の中央政府や国有企業が，ASEANに対する融資でその役割を担うケースが多いが，ASEAN側が円滑に返済できない場合は過剰な債務を負うことになり，権益の一部などが差し押さえられることになる。このことが，先進国からは「債務の罠」として批判されている。

中国は，輸出振興主体から対外直接投資の併用へとシフトし，中国国内の内需振興で進めた中央政府，地方政府，国有企業の３者の枠組みから，中央政府と国有企業の２者の枠組みで近隣国への展開を図っており，存在感は高まっているが，地方政府不在による問題点もまた顕在化しているのが実情である。

(4)　製造業高度化策

世界金融危機以降は，製造業の競争力強化もまた課題であった。対米輸入依存しているハイテク製品の内製化を進め，国際競争力を高めることが，世界金融危機以降の急務であったためである。第12次五カ年計画（2011年～2015

表 2-4 「生産能力過剰」9 業種と「中国製造 2025」10 大業種

生産能力過剰 9 産業		中国製造 2025　10 大産業
1. 鉄鋼		1. 次世代情報技術産業
2. 石炭		2. 高性能 NC 制御工作機械・ロボット
3. ガラス		3. 航空・宇宙用設備
4. コンクリート		4. 海洋工程設備およびハイテク船舶
5. アルミニウム		5. 先進的軌道交通設備
6. 造船	→	6. 省エネルギー・新エネルギー自動車
7. 太陽電池		7. 電力設備
8. 風力発電		8. 農業設備
9. 石油化学		9. 新素材
		10. バイオ医療

（出所）酒向（2016）p. 21。

年）に打ち出した「戦略性新興産業」，それに続いて第 13 次五カ年計画（2016 年～2020 年）で打ち出した「中国製造 2025」は，ハイテク製造業の振興を進める政策であり，伝統的に重視されてきた鉄鋼，アルミニウム，造船などの重厚長大型が生産能力過剰となって不振となったことから，ハイテク産業強化にシフトして重厚長大産業の不振を補い，イノベーションの強化によって製造業全体の底上げを図ることに軸足が置かれている（表 2-4)。

「中国製造 2025」では，次世代情報技術産業，高性能 NC 制御工作機械・ロボット，新素材，バイオ医療など 10 業種が選定されており，製造業分野における明確な重点産業政策が実施されていることになる。中央政府が選定した 10 大重点産業に関しては，中央政府のお墨付きの下で，地方政府，国有企業の積極的な投資が奨励されることになる。筆頭に挙げられた 1. 次世代情報技術産業においては，集積回路の内製化が最重要課題とされており，半導体への投資が推奨されている様子がうかがえる。

地方政府，国有企業がどのように関与しているかを示す一例としては，モデルプロジェクトの実施が挙げられる。広大な国土を擁する中国においては，まず，特定地域や特定分野でモデルプロジェクトが実施され，それが全国や広い分野に広げられる特性がある。「中国製造 2025」においては，40 カ所の製造業イノベーションセンター，1,000 カ所の環境配慮型模範工場と 100 カ所の環境配慮型模範工業団地が設置されることになっており，そこで，地方政府と国有企業が積極的に関与することになる。モデルプロジェクトに選定されて成功すれば，当該地方政府，国有企業の受益は大きいものとなろう。

第 3 節　執行経路(1)重点産業政策の実行役としての国有企業

世界金融危機以降，重点産業政策の実行役となったのが国有企業である。中国においては，民営企業もまた躍進しているが，① 国家の安全に係る産業，② 自然独占および寡占産業，③ 重要な公共財を提供する産業，④ 基幹産業とハイテク産業における中核企業の 4 分野に関しては，国有企業が担うと定められている。

このなかで，① 国家の安全に係る産業に加えて，④ 基幹産業とハイテク産業における中核企業を国有企業が握っている点に中国の特徴があり，重点産業政策の実施において，国有企業は中核的な役割を握っている。

世界金融危機直後は，中央政府は内需拡大策によって景気浮揚を図る必要性が高まった。そのため，③ に該当する企業にインフラ投資を促し，④ に該当する企業に増産や高度化を促したが，利益の確保ができるかどうかは不透明な情勢であった。これに対して，朱炎（2013）は，「利益の計上が難しい事業の場合，民営企業には引き受けできず，国有企業の出番となる」[32] としている。つまり，一時的に採算度外視でも景気浮揚を進めたい場合に，中央政府は国有企業を動かすという見方ができよう。さらに，国有企業が中央政府による投資拡大政策を執行できるのは，「国有企業は資金，許認可，利潤留保などの面で優遇され，当該優遇のない民営企業には競争ができないため」としている。

中央政府は，国有企業を動かす際に，上位下達だけではなく，手厚い諸々のサポートも活用し，それによって，国有企業が重点産業政策を執行するインセンティブが生まれることになる。他方で，国有企業からすれば，政策を利益よりも優先し続けることは短期的には可能であっても，中長期的には困難である。どのように政策追随と利益確保を両立するかというジレンマがあるはずである。また，中国において，ハイテク分野では民営企業の成長は著しい。これらの有望民営企業を，中央政府主導の重点産業政策にどのように取り込んでいくのかというのが，新たな課題となっている。

本章では，世界金融危機以降についてみてきたが，重点産業政策の実行役としての国有企業の役割については，1990年代以降の改革開放の歴史を振り返りつつ，その法則性を明らかにする必要があろう。

これらの諸課題については，第3章でみていくこととしたい。

第4節　執行経路⑵重点産業政策の実行役としての地方政府

世界金融危機以降，国有企業と並んで重点産業政策のもう1つの実行役となったのが地方政府である。地方政府内に発展改革委員会を擁し，傘下に地方政府系企業，地方政府系銀行も抱えており，地方政府の発展改革委員会は，中央政府の方針に準拠しつつ，地方政府の特性に合わせた独自の「五カ年計画」を策定して，（地方政府系）国有企業に実施させており，1つの経済体を成している（前掲表2-3）。

さらに，中国においては，中央政府から地方政府への財政調整の寄与は限定的であるが，地方政府は，農地の非農地への転用による土地財政という独自の財源を擁する（前掲図2-2）。

この土地財政によって，インフラ開発の土地提供，産業振興の補助金供与などが可能となっており，中央政府に過度に財政依存せずに，地方政府が独自の政策を行い易くなっている点に，中国の産業振興の特徴がある。

他方で，各地方政府が一斉に重点産業政策を進めて競争すれば，生産能力過剰問題につながり，土地の需要が不透明ななかで開発を急げば，潜在的な地方政府債務や不良債権を抱えることにもつながる。中央政府としては，どのように地方政府との関係を調整しつつ，国家全体を運営していくかは，重要課題であろう。

これらの諸課題については，第4章でみていくこととしたい。

注

1 共産党新聞のHPは存在し，http://cpc.people.com.cn/，(2023年6月8日アクセス) 党機関紙として人民日報は有名だが，共産党自体のHPは存在しない。

2 柴田・長谷川 (2012) p. 20参照。

3 1993年以降は党のトップである党総書記が，政府の国家主席，党中央軍事委員会主席を兼ねており，最高指導者となっている。それ以前は，党中央軍事委員会主席であった鄧小平氏が最高指導者であった。

4 CiNii登録ベースの中国共産党の産業政策に係る博士論文はなく，周辺分野まで視野を広げても，香川正俊 (2008)「中国共産党と政治・行政・社会改革：貧困・格差・腐敗・人権」1件のみ。

5 McGregor (2010) (マクレガー (2011) p. 39) では，党が事実上の政府であると指摘している。

6 中国では部が日本の省庁に該当する。そのため部のトップである部長が大臣となる。

7 Coase and Wang (2012) (コース・王 (2013) p. 44) 参照。

8 潘維 (2009) pp. 1-20参照。

9 憲法上は，都市部の土地は国の所有に属し，農村および都市郊外地区の土地は基本的に集団所有に属する (憲法第10条第1, 2項)，となっている。

10 何増科 (2003) pp. 28-29参照。

11 朱可辛 (2009) pp. 26-29参照。

12 王紹光 (2011) p. 26参照。

13 形式上中央政府が所有も，事実上の管理は地方政府に委ねられているケースが太宗。

14 杜進 (2013) p. 81に拠ると，この法律施工後，地方政府の開発が加速するようになっている。

15 農民と地方政府間で，補償額を巡る交渉は時に難航するなど，根強い反発はある。

16 任哲 (2012) pp. 93-95参照。

17 酒向 (2009b)，酒向 (2010)，酒向 (2011)，酒向 (2012)，酒向 (2013)，酒向 (2014)，酒向 (2015)，酒向 (2016)，酒向 (2017) 参照。

18 加藤 (2013) pp. 16-18参照。

19 田中 (2012) p. 4参照。

20 磯部 (2019) p. 33参照。

21 潘維 (2009) p. 1参照。

22 出所：雲河都市研究院「中国都市総合発展指標」(2018)。

23 柴田・長谷川 (2012) p. 79参照。

24 大西 (2015) p. 90参照。

25 佐々木 (2015) pp. 3-6参照。

26 経済発展の遅れた内陸部の開発を加速すべく，2000年に打ち出された政策。西部内陸部の開発を進めると同時に，西部内陸部の天然資源 (天然ガス，水資源など) を東部沿海部に輸送するインフラの構築が重視された。

27 中国の高速鉄道の総延長距離は約25,000㎞ (2017年) で日本の8倍超，世界的に突出した存在となっている。

28　傘下にアリペイ決済で知られるとアントフィナシャルを擁する。

29　ウィチャットペイ決済で知られ，京東をグループ傘下に擁する。

30　2005年間段階的に実施され，2010年にASEAN先行加盟6カ国（シンガポール，ブルネイ，タイ，マレーシア，インドネシア，フィリピン）との間でノーマルトラック品目の関税撤廃が実現した。

31　2017年5月に第一回，2019年4月に第二回フォーラムが，いずれも北京で開催された。

32　朱炎（2013）pp. 55-56参照。

第3章

1990年代以降の中央政府と国有企業の関係

第1節　1990年代─「収」から「放」へ─

(1)　国有企業改革の全体像

国有企業は，中央政府，地方政府，国有企業の3者による重点産業政策の実行役として重要な役割を担っている。本章では，中央政府と国有企業の関係を，1990年代，2000年代，2010年代と年代毎にみていくこととする。

なお，中国の国有企業は，中央政府が管轄する中央企業と地方政府が管轄する地方政府系企業がある。地方政府系企業の制度上の所有権は国にあることから国有企業に分類されるが，実質的な所有権は国の権益を代表する形で地方政府に委ねられるようになっている。本書全体では，大企業主体である中央企業を主対象として分析を進めているが，本章においては，規模では中央企業に劣後する地方政府系企業も含めて論じていくこととしたい[1]。

国有企業改革が始まったのは，1979年の改革開放政策以降である。孫根(2017)は，「1979年～1985年には「放権譲利」政策として，政府から国有企業への権限移譲が進められた。1981年に「工業生産経済責任制」が導入されて全額政府に上納されていた利益の一部留保が認められ，1983年に「利改税」が導入されて，利益に対して課税される形に変更されて，経営の自由度が増すことになった。1986年～1992年には「経営請負責任制」が導入されて，経営自主権が拡大した。1980年代に国有企業は，企業としての形態を徐々に整えてきた」[2]と指摘する。1980年代に，国有企業の民営化の基礎が築かれたことになる。

その1980年代を踏まえて，1990年代は，国有企業の改革はまだ苦難の時代であったといえる。1993年に「会社法」が成立し，法的な株式会社化が認められるようになった。孫根（2017）はこのことを「現代企業制度の導入」と名付けており，国有企業の民営化が法的根拠を得て加速することになる。実際に，国有企業から民営企業に転換していく企業が生まれ始めた。それでも孫根（2017）は，「1990年代は，事実上国有企業しか存在しない時代であったが，その多くが経営不振に陥っていた。価格統制が行われているために，国有企業は収益性向上を図ることが困難なうえに国際競争力は低く，他方で住宅，食事，老後迄従業員の社会保障を担っていたため，経営は行き詰っていた」と指摘している。

中国は1986年頃からWTOへの加盟交渉を進めていた。1990年代は，WTO加盟に向けて民営化を推し進め，それが今後も続くと考えられていた時代であった。改革推進派として知られた朱鎔基首相（当時）の下で，不採算国有企業の整理が進められて，大規模な従業員解雇も行われた。中央政府と国有企業の関係は全体としては「放」の方向に伸長したといえるだろう。

他方で，中央政府から1995年に「抓大放小」の方針が打ち出された。これは，直訳すると「大企業は掴み，中小企業を放す」という意味である。中国の国有企業には，前述したように中央政府が管轄する中央企業と地方政府が管轄する地方政府系企業がある。経営の行き詰まった国有企業のうち，地方政府系企業主体の中堅企業については淘汰も辞さないが，中央企業主体の大企業は残すという意味である。ここには，「放」政策を堅持しつつ，中核部分においては「収」政策を進めたいという中央政府の意向が垣間見られる。

それでも，中央企業においても業界再編を促し，競争原理を導入することが行われた。国家の中核を担うような重点産業において，1社独占を是正して複数社の競合性の導入を図り，民営化の方向性は維持されてきたといえる。詳細は後述するが，石油業界では，石油採掘などの川上を担った中国石油と化学などの川下を担った中国石化が分離されて2社体制のガソリン供給網が整備され，携帯電話では，中国移動と中国聯通の2社さらには複社体制に移行して国有企業同士の競合が進んだ。

多くの業種で国有企業の民営化への取り組みが試みられ，国際ルールに基づいた諸制度の運用が行われている香港市場への国有企業の上場が積極的に進められた。目的としては，資金調達とコーポレートガバナンスの改善の一石二鳥を狙ったことが挙げられる。朱炎（2013）は，当該時期を，「政府の失敗を市場で補った時期」[3]と定義しているが，政府主導での荒治療は，解雇・社会不安の増大などの懸念を伴いつつも，中国経済を活性化させ，「放」政策を推進していったと評価できよう。

(2)　産業別にみた国有企業改革

各種産業レベルでは中央政府の関与の手法は異なっている。そこで，筆者が2000年～2002年に香港において民営企業の調査研究業務に従事していた際に，現地報道や企業ヒアリングを基にまとめた「中国産業分析リポート」の大幅な加筆修正を行い，①自動車，②家電，③通信・石油・電力，④小売，の4産業を抜粋して1990年代の民営化について振り返ってみたい。

①　自動車産業：「抓大放小」型

世界的な自動車メーカーの提携・合併が潮流になり6大グループ（GM，フォード，ダイムラークライスラー・三菱自動車，トヨタ自動車，ルノー・日産自動車，フォルクスワーゲン：1998年当時）に集約されているなかで，1999年末時点で，中国の自動車メーカーは112社存在していた（大宗は地方政府系企業）。ただし，上位13社で総生産量163万台の91％を生産しており，残りの99社は中小規模ではあるが，雇用面などで地域経済における重要な役割を担う存在であるが故に，淘汰が進まない状況となっていた。

そこで，自動車産業においては，大手は3社（第一汽車，東風汽車，上海汽車[4]）への集約「抓大放小」が実行された。生産を大型国有企業に集約させる方針が採られ，さらにパートナーとして外資企業が戦略的に活用され，外資企業は中国企業2社までの合弁方式に制限された。そのため，フォルクスワーゲンとトヨタ自動車が共に第一汽車，日産自動車とプジョー・シトロエンが共に東風汽車，フォルクスワーゲンとGMが共に上海汽車と合弁事業を行うことになるなど，中国企業にとっては有利な条件が付与され，外資企業を戦略活用した大企業育成策が採られたとみることもできる。

ただし，需給両面で産業振興の課題は大きかった。供給面では，中央政府は自動車メーカーに計画生産を義務付けた一方で，需要面のサポートは不十分であった。生産に重きを置いた産業振興を進めようという中央政府の圧力がメーカーに重くのしかかり，この解消には相当の時間を要することとなった。

② 家電産業：自由競争型

家電は，中央政府の関与が比較的希薄であり，地方政府傘下の地方政府系企業が競争を繰り広げた分野であった。1970年代末～1980年代初めカラーテレビの完成品と，主要部品のプラント導入からスタートした[5]。普及率の低さから売手市場となっていたことに助けられ，地方政府系企業の市場開拓は短期的には成功するも，利益が全額政府に上納される当時の制度では，地方政府は技術革新資金の捻出が行えず，地方政府系企業の市場開拓の増勢は徐々に減退していく。

ただし，そのなかでも，カラーテレビの「長虹」，冷蔵庫の「ハイアール」，全自動洗濯機の「小天俄」などが伸長していく。この3社は，それぞれ四川省，山東省，江蘇省の地方政府系企業としてスタートして，その後，民営化が進められた企業であるが，各地方政府との関係が密接な企業とみることができる。

カラーテレビと冷蔵庫は中国全土に分散されて製造され，組み立てラインが乱立したために部品供給が追いつかないなかで，優勝劣敗で弱い企業が淘汰されることとなった。多くの家電メーカーは，価格の低下を防ぐべくカルテルを結成したが，「長虹」，「ハイアール」はこのカルテルには敢えて入らず，価格競争を続けていく。法整備を進めていた中央政府は，カルテルは法律（価格法第4条）違反であるという判断を下し，家電業界では，市場経済化が進んでいった。

過剰設備，過剰生産，過剰在庫問題は，現在の中国においても様々な業種でみられる。地方政府系企業の過当競合の結果という点では，1990年代から体質は変質していないともいえるが，家電業界においては，中央政府がこれらの競争を許容した結果，過当ともいえる競争を勝ち抜いた地方政府系企業を起源とする有望民営企業が誕生したともいえよう。

③ 通信・石油産業：独占から複数社体制への移行型

通信，石油，電力は，いずれも，従来は政府が行ってきた独占事業であったが，行政と経営の分離を行い，複数社による競争体制の構築を試みた点が共通している。

通信は，1990年代前半まで旧郵電部（日本の旧電信電話公社に該当）の指導により，基本通信業は一元的に整備され，長らく旧郵電部電信総局（現中国電信）が独占事業を行っていたが，1994年に聯合通信，1995年に長城通信が新規参入した。ただし，長城電信は携帯電話分野で高速データ送信が可能なCDMA方式を実験的に行っているに留まっており，後に聯合通信に吸収され，中国電信と聯合通信の2社体制となった。

中央政府は通信業者そのものへの外資企業の出資は認めず，通信ネットワークの建設やメンテナンスを行う企業への出資に止めており，外資は間接的に参入する形態となっている。WTO加盟時の米中合意では，中国はすべての通信サービスに関して49％まで外国投資を認めており，WTO加盟後5年以内に，携帯電話サービス（外資比率49％迄），6年以内に国際・国内電話サービス（外資比率49％迄）を外国資本に開放することになっていた。ただし，外資参入の条件には，過去2年間以上に亘り年間売上高が100億ドル以上，なおかつ固定電話や移動体通信については合弁形態等の条件が付加され，進出制限が厳しいことには変わりがなく，最も規制の厳しい分野であったといえる。

石油は，上流部門は（石油，ガス開発）「中国石油天然気集団（CNPC）」の独占，下流部門（石油精製，販売）は「中国石油化工（SINOPEC）」の独占であった。同時に2社はこれまで国務院直属で行政権限を一部有してきた。しかし，1998年8月に改革の一環として資産交換等を行い，上流下流一貫のCNPC（エリアは主に東北地方と内陸部）とSINOPEC（エリアは主に沿海部）の2社体制に再編された。それぞれ営利企業として独立を図ることとなった。

また，同時にCNPCは「中国聯合石油（CHINA OIL）」，SINOPECは「中国国際石油化工聯合公司（UNIPEC）」の支配権をそれぞれ握り，石油貿易の権限をも有することになり，これまで政策として行われてきた石油上流部門の投資を，今後は採算性，資金調達を含め，CNPC，SINOPECの企業活動として行うことを明確にした。

2000年4月にはCNPCが香港（調達資金は223億HK$（3,300億円，当時））に，10月にはSINOPECが香港・NYに上場（調達資金は35億US$（3,800億円，当時））し，SINOPEC上場の際は，エクソンモービルが19%出資する等，資金調達および外資技術導入を図っている[6]。この上場には，国際基準に資するガバナンスの導入を図る狙いもあったと考えられる。

④ 小売業：規制緩和による開放型

中央政府は，1990年代に価格統制の解除を進めていくが，その影響がより大きかったのが小売分野であった。1980年代までの中国の商品流通を振り返ってみると，基本的に国有企業によって担われ，行政と密接に関係しながら資産配分を行い，中央政府はほぼすべての商品価格を統制してきた。しかし，1990年代の市場経済化の動きを受けて，1998年には国家指導価格を提示している商品は，一部の穀類・食用油に限られ，95%以上の商品は市場で価格が決まるようになった。

ただし，1店舗当たりの従業員は2.3人（日本5.2人，当時）と，日本の半分に留まり，依然として個人経営の店舗が85%以上を占める前近代的な水準に留まっていた。そこで市場経済化を促進させるべく，中央政府は，外資企業の参入を緩和した。1992年に5経済特区（深圳，珠海，汕頭，厦門，海南島），6大都市（北京，上海，天津，広州，大連，青島）において，各都市1～2社に限り，外資企業との合弁または，提携による小売企業の参入を試行的に中央政府が認めたことで，急速な変化が始まった。

外資企業の参入申請は相次いで行われ，1998年9月末までに18社が国務院から進出許可を得た（日系では，イトーヨーカ堂（北京），マイカル（大連），ジャスコ（上海・青島・広州），店舗ブランド名は当時）。ただし，認可条件は厳しいものであり，投資規模は3,000万ドル以上，現地企業とのJVかつ認められる業務も「百貨小売業」と，「商品の輸出入業務」に限られていた。一方，中央政府認可事案以外にも，投資規模3,000万ドル未満の地方政府認可の案件による参入も数多く見られ，なかでも上海では，地方政府の認可による市場参入も併せると，全部で200～300社の外資企業が参入したとみられている。

価格統制の解除は，小売業の発展を大きく後押しし，外資企業を戦略的に活用しながら，経済特区や大都市から，市場経済化を進めていった。

このように，1990年代は，産業毎に差異はあるものの，全体としては国有企業の市場経済化が進められ，中央政府の国有企業管理は「放」政策が採られた。国有企業改革上の課題である行政と経営の分離，国有企業の株式会社化による民営化が進められた。その際，外資企業を，民営化のモデルとして戦略的に活用する場面も目立った。

他方で，大型企業に関しては，国際競争力を高めるために，集約を進めて，さらなる大型化を図ろうという意向も強まり始めた時期であったといえるだろう。

第2節　2000年代―「放」から「収」へ―

(1)　1990年代の延長としての国有企業改革に変化の兆し

前節でみてきたように1990年代に中央政府は，業種によって差異はあるものの，国有企業の民営化を進めてきた。その根底にあるのは，競争原理の導入であり，行政と経営の分離という「放」政策が基本スタンスであった。1997年に「国有経済の戦略的再編」の方針が打ち出され，国家が主導する4分野（①国家の安全に係る産業，②自然独占および寡占産業，③重要な公共財を提供する産業，④基幹産業とハイテク産業における中核企業）を除いてその他の分野の民営化が行われた。2001年に中国がWTOに加盟する際には，中国は国内市場を対外開放すると共に，市場経済化を加速するという期待が高まった。実際に中央政府は国有企業改革を進めて，社外取締役の導入などでガバナンスを強化し，資本の一部を株式上場させて会計監査も厳格化するなど，民営企業の経営手法を積極的に導入した[7]。

筆者は，2007年2月に北京において中国政府関係者に国有企業改革の状況と展望に係るヒアリングを実施したが，その当時の様子から，国有企業改革の状況を確認してみたい。ヒアリングにおいては，「株式上場，コーポレートガバナンスの強化，外国人経営者の招聘，経営分野の選択と集中」などが指摘された。いずれも，国有企業の民営化を進める「放」政策であり，1990年代の

「放」政策が，2000年代に実を結んだ状況を把握することができた。

なお，まだ途上であった国有企業改革の今後の展望としては，「グローバル企業の育成」などが指摘された。さらに，「その企業の管理を強化する」というヒアリングからは，強い国有企業の育成が重要な命題となっていた様子がうかがえる。

2000年代に入ると，中央政府の国有企業への関与は，国有企業の自由化・競争原理の導入を踏まえつつ，特定分野においては，国有企業の強化に徐々に変質したと考えられる

(2)　中盤から国有企業の管理強化へ

他方で，2003年に国有企業監督管理委員会が発足する。これは，1980年代後半に上海市で試験導入された地方政府レベルの組織・制度改革である。上海市発展改革委員会の主導により，上海市管轄の地方政府系企業の管理組織が設立された。地方政府系企業の株式会社化を進めることが当初の目的であった。

国家発展改革委員会は，上海市の試験導入が一定程度成功したことを受けて，国家レベルへの導入[8]を図り，当初は，国有企業の民営化を進めて，中央政府は純粋な株主になることが志向されたが，前述した国有経済主導の産業分野においては，中央政府の管理がより強まっていくこととなった。背景には，WTO加盟によって，国内市場の対外開放を進める必要に迫られた中央政府は，国内産業を強化する必要にも迫られたことがある。

国有企業監督管理委員会は，静かな株主志向から物言う株主志向に変質し，競争力のある国有企業を育成することに注力していく。そのために，国有企業の集約をさらに進めて大型化を志向するようになった。国有企業の再編も，中央政府主導で進められた。

中央政府は，前述した4分野（①国家の安全に係る産業，②自主独占および寡占事業，③重要な公共財を提供する産業，④基幹産業とハイテク産業における中核産業）においては1990年代とは政策の方向性を変え，国有企業の管理を強める「収」政策に転じていく。

国家が国有経済主導に据える4分野に主軸を置きつつ，中央政府が国有企業への関与をより深めていくことになる。国有企業監督管理委員会は，当初は，

国有企業の民営化を進展させる「放」政策の一環として導入されたのだが，国際競争力を高めるという目的が出てきた過程で，株主としての権限を行使する目的が加味されたことになり，中央政府は，国有企業の管理を強める「収」政策に転じたという見方ができる。

国有企業監督管理委員会の発足以降，国有企業の再編は，ポスト・人員削減の懸念などから国有企業の強い抵抗を受けながらも着実に進められた。その結果，中央企業数は，同委員会発足時の196社から2010年末には104社，2020年末には95社まで減少する。当初は数十社まで絞り込むことが検討され，それには至らなかったものの大型化した中国国有企業の存在感は，国際的に高まることとなった。

第3節　2010年代―「収」から「放」へ―

(1)　世界金融危機時に，投資のけん引役を担った国有企業

中央政府による国有企業への景気浮揚という観点での役割期待が高まったのは，2008年～2009年の世界金融危機時であった。中央政府は成長維持のために投資拡大を図る必要が出てきたためである。市場への期待ができないなかで政府が景気浮揚を図るうえで，投資拡大の実行役は国有企業が担った。朱炎(2013) は「1990年代は，政府の失敗を市場で補ったが，金融危機時は市場の失敗を政府で補った[9]。そのバランスが重要である」[10]と指摘している。

実際に，世界金融危機以降，固定資産投資に占める国有セクターのウェイトが上昇している（前掲図2-6）。民営企業であれば，株主は採算性を優先するが，国有企業の場合は，株主が政府であるため，政府の意向を受けて採算性を劣後させてもプロジェクトを実施する傾向がある。これらの不採算リスクは，金融セクターが負うことになるが，金融セクターは国有銀行が中心であり，国有銀行もまた株主が政府であるため，採算性よりも政府の意向を優先せざる得ない場面が少なくないことになる。

株式の一部を上場していたり，社外取締役を擁していたりして体裁を整えても，大株主の政府の意向に抗うことは困難である。中国国内では，世界金融危

機以降の国有セクターの肥大化は「国進民退」と呼ばれ，中国国内にも改革後退であるとの批判がある。そのため，「収」政策は，世界金融危機という非常事態における一時的な措置とみなされていた。

(2)　グローバル企業となった国有企業

朱炎（2013）は，「中央企業にとってはすべてマイナスではなく，発展のチャンスでもある。（中央）政府の要請に応じるなら，政府からの優遇策も与えられ，今後は政府の協力も得やすい。金融緩和のなかで，資金調達がしやすく，政府の投資要請もあり，他の産業への参入規制が緩和されたために，他の産業への参入の好機でもある。実際，多くの国有企業は，政府の不動産への梃入れ策に乗じて，2009年～2010年に不動産業への新規参入を果たし，各地の土地譲渡の入札では相次いで最高値で落札した」[11]と指摘している。

世界金融危機は，中国国有企業に無理を強いたが，結果的に各種優遇策を中央政府から引き出すことに成功し，国内の収益基盤を強固にした国有企業がさらに大型化し，国際グローバル企業に飛躍する契機ともなった。

実際にフォーチュン・グローバル500社（企業売上世界ランキング）に占める中国企業数は，2000年の9社から2010年には46社，2015年には92社，2020年には124社と急増している。実に，世界企業の売上ランキング500社中，5分の1以上を中国企業が占めるようになっており，その多くを国有経済主導の産業分野が占めている。

当該分野においては，「収」政策によって，中国の国有企業は集約を経て，より大型化して，国際競争力を蓄えることになったということがいえるであろう。

なお，国有企業が民営化すると多くは株式会社となる。この株式会社の固定資産投資は，実は民営企業の固定資産投資をも上回るようになっている（図3-1）。元国有企業の株式会社については，2000年代に民営化が進められたが，引き続き中央政府との関係は緊密であるケースは多く，元国有企業として政府の支援を得つつ，株式会社として効率的な経営を行い，中国経済のけん引役になっている様子がうかがえる。

図 3-1　企業形態別固定資産投資

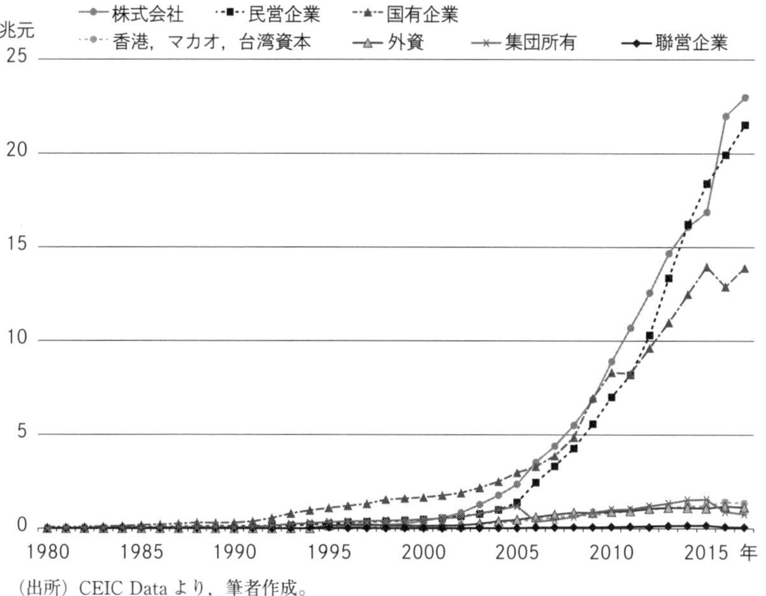

（出所）CEIC Data より，筆者作成。

(3)　有望民営企業をコントロール下に置く

他方で，世界金融危機の悪影響が最悪期を脱すると，民営企業が台頭するようになり，固定資産投資では，民営企業が国有企業を凌駕するようになっている（前掲図 2-6）。

例えば，電子商取引（EC）の分野に目を転じると，中国の2大ECプラットフォーマーであるアリババ集団とテンセントは共に民営企業である。ECを育成する政府の意向が根底にあるものの，その主要なプレーヤーが民営企業であることは注目される。他方で，市場拡大後，中央政府がECプラットフォーマーへの関与を強めており，2019年には中国電子商取引法（通称EC法）[12]が施行され，アリババ集団とテンセントも，厳格な政府の管理下に置かれるようになった。

この手法は，躍進した民営企業を，後に中央政府が関与を強めることで，政策の実行役に取り込んでしまう新たな手法ともいえる。民営企業側にとって，実質的に国有企業並みの政府，国有銀行のサポートを得られるメリットは大きい。もっとも，民営企業への中央政府の関与拡大が経営自由度を制約するリスクはある。国有企業とは異なり，大株主ではない中央政府が，民営企業の経営に関与することは，コーポレートガバナンス上の問題も内包する。

中央政府の民営企業への関与の手法としては，民営企業トップの入党があるとの指摘がある。毛利（2012）は，「民営企業のトップの入党が増えている。背景には，民営企業を党に吸収し，官民のセクター統合を進めようとしていることがある」[13]としている。これは，政府の上位の党が，民営企業の取り込みを図っているという構図となるが，見方を変えると，政府の上位にある党が，政府と民営企業の橋渡し役を担っている構図にもみえる。

党≒中央政府の考えに立脚すると，国有セクターの存在感が希薄な新分野を取り込みたい政府と政府のサポートを得たい民営企業の相互の思惑が合致し，中央政府は有望民営企業との関係を強化しているという見方もできる。

第4節　今後の中央政府の国有企業管理上の課題

(1)　中央政府の暗黙の保証

このように，国有企業は大型化して表面的には強い企業になったといえるが，課題もある。関（2018）は，「中国は不良債権問題と企業債務問題が深刻であり，バランスシート不況に陥る懸念がある」[14]と指摘している。関（2018）は，重点産業政策の実施において，国有企業が投資を行う際には，国有銀行からの借入によって行うケースが多く，投資プロジェクトの採算性よりも政策実行が重視される結果，不良債権化する懸念のある債務が増加するという構図を示している。この借入には暗黙の政府保証が付与されており，そのために，リスク許容度が過剰になっているという見方ができる。

Zhu（2016）は，「自らのレバレッジ悪化を大いに懸念する民営企業とは異なり，国有企業は二重の役割を担っている。政府の出先機関であり，かつ企業であることから，さらに大きく，強くなるために，国有資産監督管理委員会の指針にひたすら忠実であろうとする。国有企業にとっては不良債権が，中国政府によってすべて暗黙のうちに保障されていることを理解している」[15]と指摘している。

中央政府は，国有資産監督管理委員会が中心となって国有企業を再編して規模を大型化させた。その結果，国有企業のリスクテイク力が高まったことは事実であろう。一方で，そのバランスシートは，暗黙のうちに中央政府によって保障された国有銀行からの融資によって債務が膨らんでいる。このことは，企業経営のリスクを中央政府が肩代わりしていることになる。

Zhu（2016）は「政府がさまざまな段階で，複数の国有企業の負債と資本調達コストを調達している」[16] と指摘している。そうなると，中央政府の財政が悪化すると，中央政府の肩代わりは支障をきたすことになる。実際に，製造業の利益でみると，国有企業は頭打ちであり，非国有企業に大きく水を開けられている（図 3-2)。果たして，中央政府の介入は，利益の拡大という点で，経済合理性があるのかという疑問は拭えない。

Zhu（2016）は，「中央政府と監査当局が具体的なデフォルトの事例を実際に示す必要がある。失敗こそが，中国の暗黙の保証を解決する唯一の道であり，中国経済と金融システムを救い，立て直すための方策だ」[17] と指摘する。

図 3-2　中国の国有企業と非国有企業の最終利益

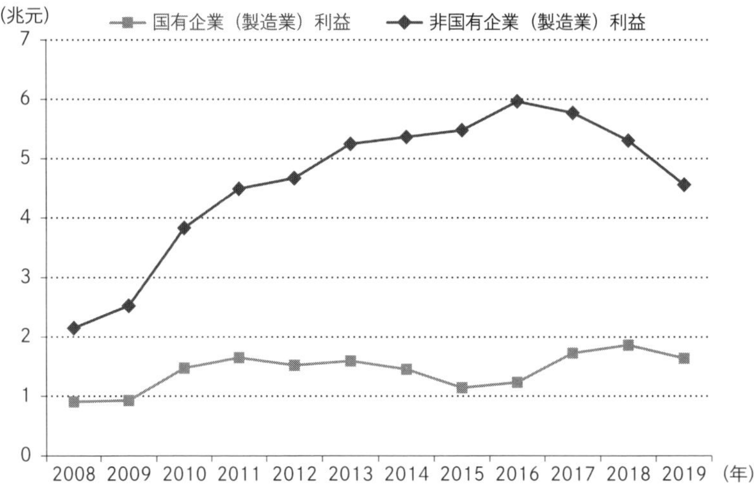

（注）利益全体から国有分を控除し，非国有とした。

（出所）CEIC Data より，筆者作成。

このような声が中国の学術界から上がっていることは傾聴に値しよう。

(2)　国有企業の存在感が希薄な分野の強化

また，中央政府や地方政府側は，国有企業の存在感が希薄な分野では，有望民営企業を重点産業政策の実行役として取り込みたい意向があるようである。重点産業政策の実行主体は国有企業であるが，有望な民営企業も取り込む動きがあることは注目される。

民営企業は，中央政府および地方政府の関与が希薄であるが，国有企業に比べると政治的な基盤が脆弱であり，認可取得や資金調達面などの不利がある。そこで，中央政府，地方政府が民営企業家を入党させることで，結果的に，有望民営企業を取り込んでいると推察される。民営企業を国有化することは現実的ではないが，民営企業のトップや経営幹部を党員にすることは，民営企業の国有化に比べればはるかに容易であろう。民営企業においても，中央政府の後ろ盾を得るうえでの強力なツールとして入党を希望している節がある。

10年以上前の研究となる点には留意が必要であるが，Chen and Dickson (2008) によると，広東省で行ったアンケート調査の結果，民営企業家の約4割が党員であった[18]とされる。入党申請中を含めると約5割となる。毛利 (2012) はこれに対して，「驚くべき数字であり，民営企業家のほぼ半分は党員ないし党員候補とみてよい。背景には，政治的発言力を狙ってのこともあろうが，政治的な安全を手に入れたいのだろう」[19]と分析している。

このことは，中央政府や地方政府が直接的なステークホルダーではない民営企業においても，「放」と「収」の政策の変更の際には，政府の介入を余儀なくされることにつながると考えられる。

注

1　中国財務年鑑（2019）では，2018年時点では，中央企業が6.2万社，地方政府系企業が14.1万社となっている。中央企業は中核企業が95社で，その関連会社が平均各500～600社と推察される。参考までに日本のトヨタ自動車の連結対象は，約500社である。地方政府系企業は省・市が約700あることから，地方政府系企業は中核企業が数万社で，その関連会社が平均各数十社と推察される。

2　孫根（2017）pp. 1-17参照。

3　朱炎（2013）pp. 55-56 参照。

4　第一汽車と東風汽車は中央政府傘下の中央企業，上海汽車は上海市傘下の地方政府系企業となる。

5　参考までに，日本企業は日中経済協会主導の国有企業の老工場改造プロジェクトに参加することで，中国市場への技術供与を通じた市場参画の契機としている。

6　海上油田開発国有会社として，「中国海洋石油総公司（CNOOC)」があるが，同社も 2001 年 2 月に香港・NY で上場した。

7　社外取締役，監査役など，先進国の制度を外形的に取り入れているが，所有と経営の分離は進んでおらず，経営陣は，国有企業間で競合企業に異動することなどの常態化は改善されていない。

8　地方政府レベルでも，省・市レベルに国有資産監督管理委員会が設置された。それに伴い，地方政府系企業の所有権は名目上は国のままながら，実質的には国を代表するという名目で地方政府に移管された。その後，国レベルの縮小版として，地方政府系企業の再編が行われた。

9　経済学においては，政府の失敗とは政府主導の裁量的な経済政策が意図したような政策を挙げられず経済活動が非効率化すること，市場の失敗は市場メカニズムが働いた結果経済的な効率性が達成されていない状態を意味する。当該部分は，政府主導による企業経営の行き詰まりや，金融危機下での政府救済なども内包して，政府の失敗と市場の失敗という用語を用いていると考えられる。

10　朱炎（2013）pp. 55-56 参照。

11　朱炎（2013）p. 46 参照。

12　電子商取引における EC プラットフォーマーの責任の所在が初めて明記・厳格化された。

13　毛利（2012）pp. 46-52 参照。

14　関（2018）pp. 127-137 参照。

15　Zhu (2016)（朱寧（2017）p. 229）参照。

16　Zhu (2016)（朱寧（2017）p. 42）参照。

17　Zhu (2016)（朱寧（2017）pp. 349-350）参照。

18　Chen and Dickson (2008) pp. 848-849 参照。

19　毛利（2012）pp. 46-49 参照。

第4章

1990年代以降の中央政府と地方政府の分権と集権の関係

第1節　1990年代—「収」から「放」へ—

(1)　財政を巡る中央政府と地方政府の確執

前述した通り梶谷（2016）は，「（日本の約25倍という）広大な国土を擁する中国にとって，中央政府が国土を完全に掌握することは現実的ではなく，一定程度の地方政府への分権は不可欠である。他方で，中央政府が地方政府への分権を認め過ぎると，沿海部など地理的優位性や既存の産業基盤を擁する地方の経済成長は進展するが，そういった優位性を擁さない地方との間の経済格差が拡大し，中央の統制が徐々に効かなくなるという問題が顕在化するという悩ましい課題を抱えている」[1]と指摘している。この指摘は，中国において，理論的には，中央政府は地方政府に対しては「放」政策が現実的だが，それは統制の減退と地方の経済格差を招き，「収」政策に転じると，成功していた地方経済の活性化が疲弊し始めることを示唆しているといえよう。

中央政府と地方政府の関係において，重要な論点の1つが財源を巡る確執である。財源を確保しなければ，産業振興がままならないのは自明である。中国大陸本土は行政単位上，31の省・直轄市・自治区によって構成されている。これらの地方政府[2]は，重点産業政策の実行上，重要な役割を担っているが，政策実行の原資となる財源の確保がその独自の発展の障壁の1つとなってきた。1980年代初めまでは，地方政府は歳入の大宗を中央政府に上納せねばならず，特に当時としては産業振興が進んでいた上海市，東北3省（遼寧，吉林，黒竜江）などでは，大きな負担を強いられてきた。

それが変化したのは，1984年であった。中央政府は，同年に上納額を定額または定率とする「財政請負制」を導入した。地方政府に対して，財源の留保を認める措置であり，この結果，地方政府は事実上独自財源を確保できるようになった（図4-1）。当時「放権」と呼ばれたが，その名の通り中央政府による「放」政策そのものであり，その後，広東省，上海市など改革開放で先行した地方経済が飛躍する一助となった。

しかしながら，「財政請負制」は地方政府間の経済格差の助長と中央政府の財源不足を招くことになり，10年後の1994年には「分税制」が導入された。これは主要な間接税である増値税を中央政府と地方政府の共有税とし，分配を75対25と定めた制度である。中央政府は，地方政府に対するスタンスを「放」から「収」政策に変換し，中央が財政調整を進める形に転じた。中央政府は，財源を再び確保すると地域開発への梃入れを積極的に進めるようになる。先行して開発が進んだ華南地域に次いで，1990年代に開発を進めたのが華東地域であった。

ところが，社会保障など，地方政府の歳出負担は変わらなかった（図4-2）。第3章でみたように，1990年代は国有企業改革を進展させた時期であり，中央政府の国有企業改革の方向性は「放」政策であったが，地方政府への関与の方向性は「収」政策であり，ここにも政策的なねじれが生じていた。第1章第3節⑵中国の中央政府，地方政府，国有企業の「放」と「収」に係る研究でみたように，政治主導は「収」政策が是とされ，経済主導は「放」政策が是とされる。このねじれが顕在化していたといえる。地方政府は，行政単位としての責務はそのままで，財源を失ったことから，財政窮乏化することとなった。

図 4-1　中国における中央政府と地方政府の歳入比率

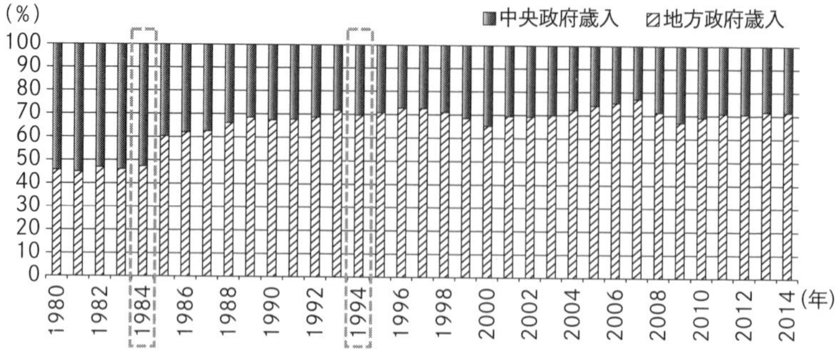

(％)　■中央政府歳入　▨地方政府歳入

（出所）CEIC Data より，筆者作成。

図 4-2　中国における中央政府と地方政府の歳出比率

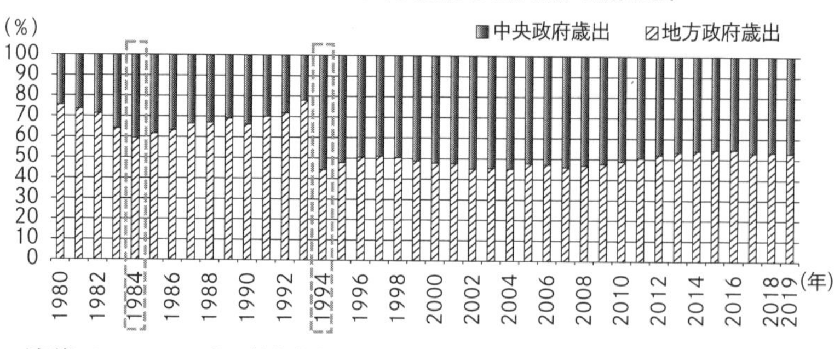

（出所）CEIC Data より，筆者作成。

(2)　地方政府は土地財政に活路

地方政府は，新たな財源が不可欠な状況に追い込まれる。独自財源の確保を模索していた地方政府が，新たに着目したのが土地の活用であった。1998 年に土地管理法が制定され，これまで中央政府（当時の管轄は国土資源部）によって行われてきた農地転用の権限が地方政府に移管された。この中央政府の規制緩和は，地方政府にとって干天の慈雨の「放」政策となった。中国において原則として土地は国有，農地は集団所有制だが，地方政府は，低額で収用した農地を高額で外資企業や開発デベロッパーなどに供給することで，新たな財源を獲得し財源不足を解消できるようになった。

地方政府は，税収だけでは大幅な歳出超過となったが（図 4-3），税収不足に匹敵する歳入を土地財政で賄うようになり，さらに，地方政府独自の重点産業政策の資金まで捻出するようになったと考えられる。実際に，1990年代後半から，中国において不動産投資が急増するようになっていることはその証左であり，地方政府の農地転用による土地供給の拡大が，不動産投資拡大の一因と考えられる（図4-4）。

1990年代は，地方政府は，中央政府の財政面での「収」政策を，土地管理

図4-3　中国における地方政府歳出入収支÷地方政府歳入

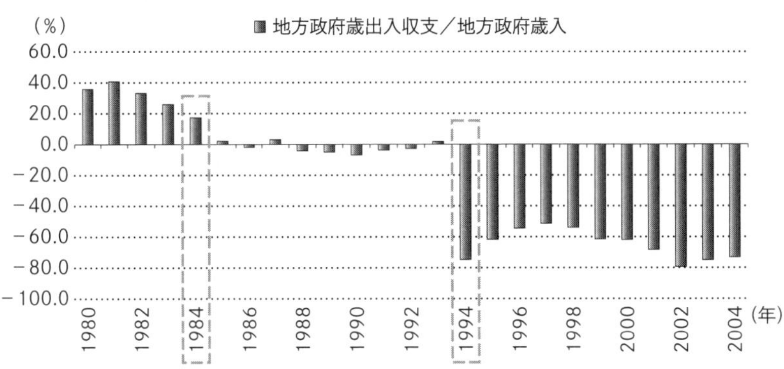

（出所）CEIC Dataより，筆者作成。

図4-4　中国における不動産投資額

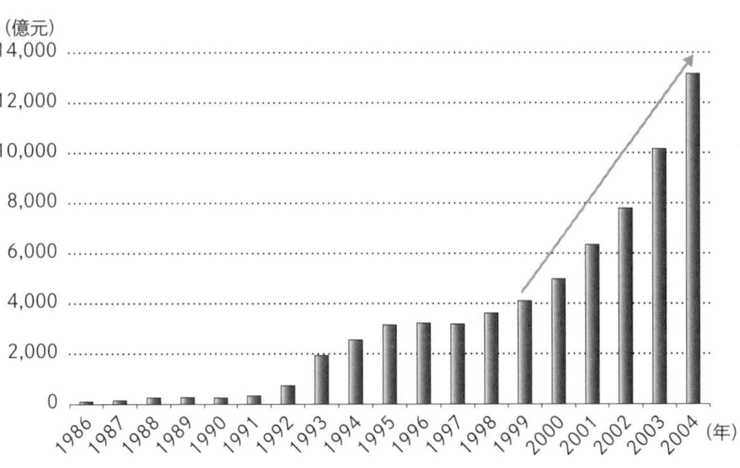

（出所）CEIC Dataより，筆者作成。

面の「放」政策で相殺し，土地財政に依存した形で産業振興の資金をねん出するようになっていく。実際に，地方政府の財政収入は，土地財政への依存を高めていった。

第2節　2000年代―「放」から「収」へ―

(1)　WTO加盟による外資企業の市場参入で土地需要が拡大

2000年代に入ると，2001年12月に中国は15年もの長い交渉期間を経て，WTOに加盟した。世界的に中国における投資環境の改善および国内市場の開放への期待が高まり，中国への投資ブームが到来するようになった。そこで，地方政府は農地の収用をさらに進めて，外資企業の進出の際の受け皿となる開発区（工業団地）への転換を進めていく。WTO加盟に伴う土地需要の拡大が，地方政府の土地財政を潤すこととなった。他方で，中国全土では，過剰な開発区が造成され，国土の乱開発が進むという弊害も招いた。

より具体的に，地方政府の土地財政の様子をみてみるとしよう。前述した任哲（2012）によれば，農地の収用時の金額と，農地（使用権）を外資企業に売却した際の差額をそのまま財政収入とはせず，その差額を，再度，外資企業への出資金という形で資金投入しているケース[3]が見受けられる。外資企業にとっては，この出資金は，実質的に地方政府からの補助金となり，地方政府にとっては，雇用拡大および将来的な産業振興による税収の拡大も期待し得ることとなる。地方政府にとって，農地の収用は容易なことではないことは想像に難くない。農民からすれば低額な保証金で土地を奪われるリスクがあり，根強い反発がある。そこで，地方政府による様々な懐柔策が採られてきた。外資企業が進出する場合は，当該企業での就職斡旋などを約束されるケース[4]や，農民主体の土地所有会社が設立されて農民が株主となるケースもあった。このような形で，土地財政が，地方政府の重点産業政策実行の財源となっていった。

任哲（2012）は，福建省における農地収用および産業振興のケースを紹介している（前掲図2-2）。外資製造業のプロジェクト（総額130億元）の誘致にあたり，地方政府[5]は，当該外資企業に対して資本金の5%を出資する形で，

6,500万元を拠出することを約束した。この拠出金は，事実上の補助金である。その補助金がいかにして捻出されたかといえば，農地を収用し，当該外資企業に転売することで捻出されている。2,400ムー（1ムー＝667m^2）の農地を，1万元／ムーで農民に保証すると約束して収用し，外資企業に3.3万元／ムーで売却して，これによって5,520万元を地方政府は得ると表明していた。しかし，それでは6,500万元に980万元不足する。そのため，地方政府は農民への支払額を引き下げ，実際に支払われたのは800元／ムーであった。地方政府は，7,728万元を得て，6,500万元の資本金拠出を差し引きしても，1,228万元を手元に残せたとみられる。これが地方政府の土地財政の仕組みである。

繰り返しになるが，このように農民に対しては，保証が不十分であったケースは散見されたが，新たに進出する企業への就職斡旋が行われるケースもあったようである。斎藤（2005）は，「農地が元々集団所有制という曖昧な定義であったことが，地方政府による収用と転用を促した」[6]と指摘している。元々，農地は農民の個人の所有物ではなかった。そのため地方政府は，土地管理法を梃に独自の裁量権を拡大し，それで歳入不足を補うと共に，産業振興も行ったとみることができる。

また，田中（2012）は，「地方政府のトップが中央政府から派遣され，その主要評価が，地方政府のGDP増長となっていたことから，プロジェクトをより大型化して，地方政府，地方政府系企業，地方政府系銀行で分け合うことが常態化していた」[7]と指摘している。このような背景から，地方政府の土地財政は大型化していくこととなった。

(2)　金融危機以降は，中央政府は地方政府に政策総動員を要請

2008年～2009年に世界金融危機が発生すると，中央政府は各地方政府に対して，景気浮揚のための投資拡大を要求するようになった。

4兆元のインフラ投資拡大策によって，鉄鋼，石炭，ガラス，コンクリートなどの需要も急拡大する。地方政府は，傘下に地方政府系企業を擁しており（前掲表2-3），土地財政で得た資金を，重厚長大産業振興のための補助金などの形で地方政府系企業の振興に投入して，これらの需要拡大に対応していくこととなった。

図4-5　鉄鋼業における政府補助金の拠出元

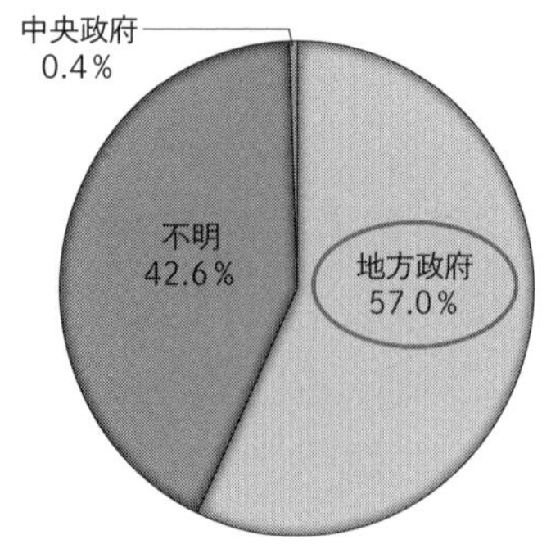

（出所）（日本）経済産業省「平成28年度内外一体の経済成長戦略構築にかかる国際経済調査事業（事業環境・市場動向等の調査（新興国の過剰生産能力業種の構造分析））調査報告書）」より，筆者作成。

一例として鉄鋼業において，上場企業33社の財務諸表を精査した結果，政府補助金の支出元としては地方政府が過半を占めたとの調査結果がある（図4-5）。加えて，前述したように創業時や増資時における地方政府の出資があり，これもまた事実上の補助金とみなすことができよう。地方政府の土地財政は，中国の内需主導の経済成長を後押しし，この成長モデルに対して，地方政府は自信を深めていったといえるだろうが，中央政府の要請によって，半ば，土地財政による産業振興を強要される形にもなっていった。

(3)　中央政府は内陸部開発を梃入れ，内陸部地方政府は呼応

土地財政は，企業の土地需要があってこそ成立するが，地域的にはその需要は開発の進んだ沿海部（華南，華東，華北）に集中していたのが実情であった。中央政府は，1994年の分税制で財政を確保して以降，地域開発の梃入れを進めてきた。1980年代に先行した華南地域，1990年代の華東地域に続いて，2000年代は華北地域の開発が重視された。それまでは，広州・深圳周辺，上海周辺に比べて，経済発展の遅れてきた北京周辺の開発が進められた。

中国において，沿海部と内陸部（中西部）との間で大きな経済格差を抱えていることは，社会の安定という意味で大きな問題であり，中央政府の国家発展改革委員会は，第10次五カ年計画（2000年～2005年）で，重慶・四川省（省

都・成都），陝西省（省都・西安）などの西部地区の開発を進める「西部大開発」を打ち出した。続く第11次五カ年計画（2006年～2010年）で，湖北省（省都・武漢）・湖南省（省都・長沙）などの「中部崛起」を打ち出していた。しかしながら，2008年の北京五輪開催に向けて，首都圏開発が優先されてきたのが実情であった。

2008年～2009年に世界金融危機が発生すると，先進国向けの輸出が大幅に伸び悩むようになったことから，中央政府は4兆元のインフラ投資を主体とする内需拡大策を打ち出した。中央政府の開発の梃入れ先は沿海部から内陸部にシフトする。経済発展の進んだ沿海部と遅れて開発を進めてきた西部を，中部の開発で連結することで，中国全土の均衡ある開発につなげるものであり，さらに，中国沿海部企業の，中西部への生産移管を図ることが進められた。時系列でみてみると，沿海部と内陸部の経済格差は，縮小されるには至っていないが，2000年代後半から内陸部のボトムアップは着実に進んでいる（図4-6）。中央政府の構想は，一定程度は奏功したといえるだろう。

それでは，内陸部の地方政府はどのように，中央政府の梃入れ政策に呼応し

図4-6　沿海部と中西部主要省・直轄市の一人当たりGDP

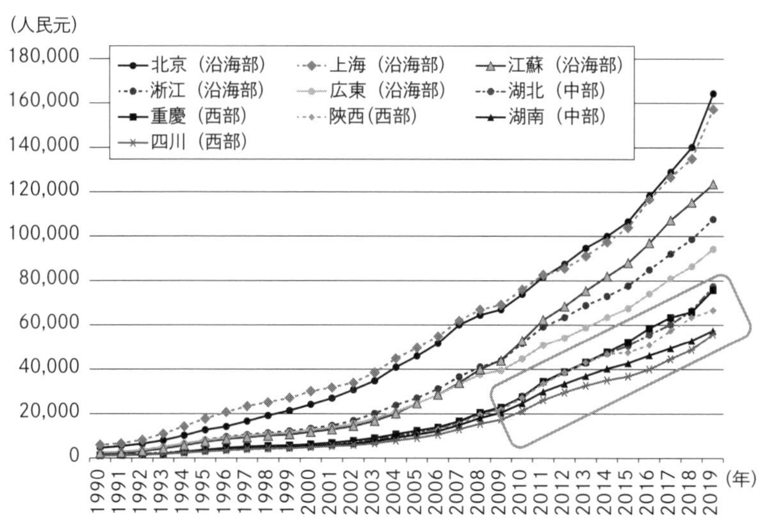

（出所）CEIC Dataより，筆者作成。

たのだろうか。まず中央政府の「中部崛起」政策からみておこう。当該政策では，地理的に，西部（内陸部）と東部（沿海部）の中間に位置する中部（内陸部）のボトムアップを図ることを主目的としている。

注目されるのは「産業発展の面では，中部地区と沿海部・西部地区の協調的発展に重点を置き，中部地区の企業と多国籍企業や沿海部企業との結合を推進し，沿海部地区や世界の産業移転の受け皿となる」としていることである。

人件費の高騰などで生産コストの高くなった沿海部の外資企業および中国企業の内陸部への移転を促す政策となっており，そのために，沿海部と内陸部の連結性の強化を進める意向がみてとれる。

筆者は2009年2月に北京で中央政府関係者，同2月に湖北省・武漢で地方政府関係者にインタビューを行った。2008年9月のリーマンショックから間もない時期であり，中国国内の内需拡大政策への期待が高まっていた時期であった。

実際に，武漢におけるインフラ整備は，高速道路，高速鉄道，河川港湾などで急ピッチで進められており（図4-7），「中国の臍」とも言われる地理的に中国の中央に位置するという地の利を最大限生かして，中国全土へのアクセスハブにしようという中央政府の強い意向と，それを追い風にしようという地方政府の強い意向がうかがえた。

中央政府の狙いは，「沿海部で進んでいる対外開放（外資企業への市場開放）と，内陸部で進める対内開放（内陸部市場開発）を結合させる」というもので

図4-7　インフラ整備が進む中国の内陸部

（出所）武漢において，筆者撮影（2009年2月）。

あった。さらに，「中部は，産業発展段階にあり，沿海部の労働集約産業の移転先として，今後の中国の工業化を支える重点地域になる」とされて，沿海部からの産業移転を促すことが明示された。中国国内で生産移管を進めることで，内陸部のボトムアップは可能という見方であった。

地方政府の武漢の方では，まずは，沿海部に比べた労働コストの優位性に加えて，武漢には大学が多く，高度人材の供給余力も高いことが示された。労働力も，高度人材も需要不足となっており，それを，「中部崛起」を追い風に是正したいという強い意向がうかがえた。中央政府の地方政府へのサポートとしては，大型案件の批准のスピードアップ，輸入免税品目は沿海部よりも多くなるとの指摘があり，外国大使館などの政府機関の開設が進むことも間接的な中央政府の支援といえるだろう。

国有企業の進出もまたその時点で着実に進んでいた。その中には，中央企業のみならず地方政府系企業も含まれていた。沿海部の人件費の上昇と漸進的な成長鈍化が背景にあると考えられるが，地方政府と地方政府系企業の関係は強いことを鑑みるに，沿海部の地方政府が，傘下企業の内陸部進出を容認するようになった結果という見方もできよう。傘下地方政府系企業の収益向上や，内陸部への汎用品の生産移管とそれに伴う沿海部の産業高度化は，結果的に沿海部地方政府にとってもプラスとなる。内外資問わず企業集積が進めば土地財政が機能することは明白であり，中央政府の政策に，内陸部政府は呼応，さらには沿海部政府も許容する形で，産業振興が進んだ様子がうかがえる。

第3節　2010年代―「収」から「放」へ―

(1)　地方政府の投資拡大による生産能力過剰問題が顕在化

2010年代に入ると，2000年代に進めてきた土地財政を原資に地方政府が進めてきた生産能力の拡大が，生産能力過剰という形で顕在化するようになった。中国企業に対するアンケート調査[8]によると2013年（12.8%），2014年（15.5%），2015年（16.1%）の企業が生産能力過剰が深刻と回答している。

石炭などの鉱業，化学，鉄鋼の川下の金属加工などで，生産能力過剰が深刻

図 4-8　中国における不動産投資額

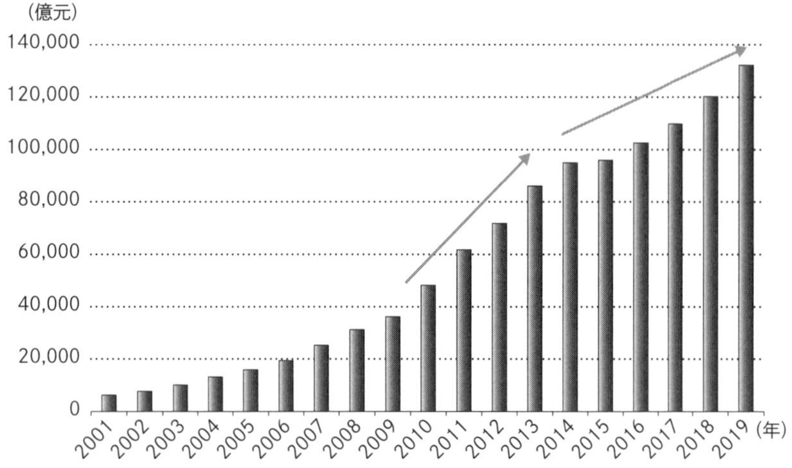

（出所）CEIC Data より，筆者作成。

となっており，重厚長大産業の振興が重視されてきた結果である様子がうかがえる。これは，世界金融危機以降の中央政府の投資拡大要請に呼応した，地方政府間の競争がもたらした結果でもある。

しかしながら，需要がなければ，価格は下がり，収益確保は厳しくなる。そこで，中央政府は供給側改革という形で「収」政策に転じて，地方政府への管理を強めて，生産能力過剰問題の解消に乗り出すようになる。さらに，これまで一本調子で上昇してきた不動産市場も調整が入るようになり，投資が伸び悩むようになっていった（図 4-8）。このことが，地方政府の土地財政を原資とする産業振興に打撃を与えることとなった。

(2)　中央政府は，新産業においては新たな「放」政策で支援

一方で中央政府は，重厚長大産業から，ハイテク産業振興へのシフトに注力するようになる。前述したように，重厚長大産業では，地方政府の投資奨励で生産能力過剰となった経緯がある。そこで，生産能力過剰となっている重厚長大産業から，伸長余地の大きいハイテク産業へのシフトを図るにあたり，中央政府は，地方政府の支援を行っている。

具体的には，2016年から始まった第13次五カ年計画（2016年～2020年）に合わせて，次の第14次五カ年計画（2021年～2025年）を見据えて実行されているハイテク産業振興策である「中国製造2025」政策に係り，産業投資基金という政府系ファンドを数多く設置するようになっている（図4-9）。代表的なハイテク産業である半導体産業においては，2014年9月に国家集積回路産業発展投資基金が設置されている。通称は「大基金」で，規模は約1,000億元（約2兆円）でスタートし，当初の最大出資者は財政部で比率は45％，その他の出資者は，国有企業や地方政府となっている。中央政府主導で，全国の半導体企業に出資する手法を採っていることになり，2018年1月までに中国全土の42社の半導体企業に出資している。この手法は，重厚長大産業で起きた地方政府の生産能力過剰を防ぎつつ，地方全体の新産業の発展を図ることに狙いがある。

産業投資基金は，地方政府もまた数多く設置しており，例えば上海市の半導体産業においては，2016年1月に上海市集積回路産業基金が計画規模約500億元（約1兆円）で設置されている（図4-10）。一方で，出資に関しては，「大基金」と共同で行うなど，中央政府との協調姿勢がみられる点は特筆される。同様に，北京市には，北京市集積回路産業発展基金が計画規模約300億元（約6,000億円）で設置されており，こちらもまた，出資に関しては，「大基金」と

図4-9　産業投資基金の基金数・基金総額の推移

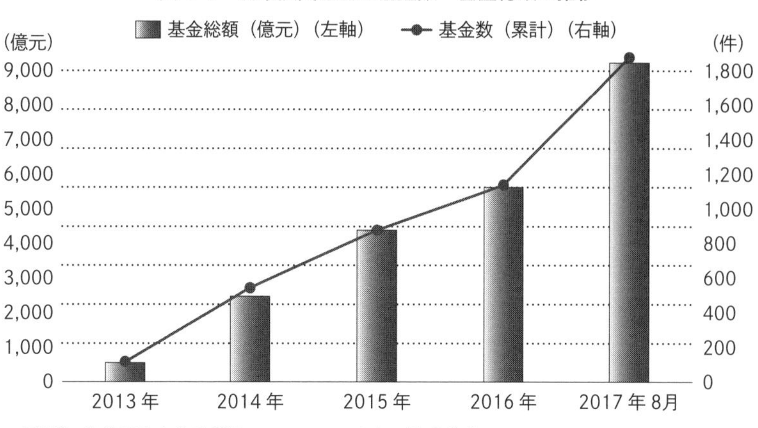

（出所）清科研究中心私募通データベースより，筆者作成。

図 4-10　上海市集積回路産業基金概況

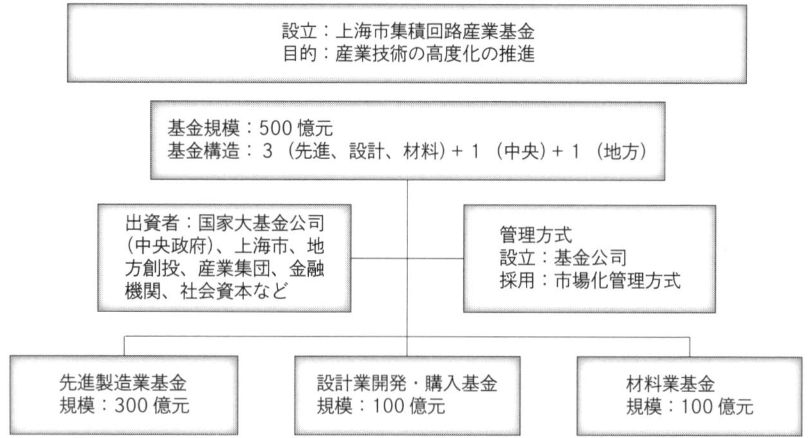

（出所）Shanghai Municipal Economic & Information Working Committee より，筆者作成。

の共同姿勢がみられ，中央政府が，「大基金」を活用して地方間の過度な競合を回避させつつ，新産業へのシフトを促す，新たな「放」政策を試みている様子がうかがえる。

第4節　今後の中央政府の地方政府管理上の課題

本章でみてきた通り，地方政府は1994年の分税性の導入以降，一貫して財政赤字である。その穴埋めは，1998年に適用された土地収用法を起因とする土地財政で行われてきた。土地財政は，需要が強まるなかで供給が続いていれば表立った問題とはならない。レバレッジを効かせて借入を行ってより大規模な土地収用を進めて転売する土地財政を行えば，より大規模な開発が行える。

ただし，広大な国土を抱える中国においても，産業振興に有利な諸条件を満たした有望な土地は徐々に減少することになる。その結果，土地財政で成功する地方政府ばかりではなく，失敗する地方政府も出てくる。土地財政が行き詰まって，農民への補償や借入の返済ができなくなると，結果的に地方政府債務が拡大し易くなるという構造がある。

地方政府の場合は，土地財政に依存する形で，傘下の地方政府系企業に対して，暗黙の政府保証を行っているが，不動産価格が低迷すれば，地方政府の肩代わりは支障をきたすことになる。また，地方政府は，傘下の地方政府系銀行の融資が中央政府による諸規制を受けることから，2000年代後半に独自にノンバンクである融資プラットフォームを設立し，2010年代にこのプラットフォームを通じて個人の資金を集めて，土地財政に資金を投入してレバレッジを拡大してきた。融資プラットフォームは，地方政府の暗黙の保証があることが前提となってきたが，レバレッジを効かせ過ぎると，地方政府が支えきれなくなる懸念がある。

仮想的な地方政府のバランスシートを考えてみると，実質的に地方政府が管理している土地が資産として計上されていることになるが，これが，前述の保証分を含めた債務を上回る価値を維持できていればよいが，不動産価格が下落すれば，債務超過となる。

中央政府，地方政府（および国有企業の3者）による産業振興は，暗黙の政府保証が重点産業政策の実施の際に強みを発揮する。他方で，暗黙の政府保証によって，経済の原理が損ねられる部分もある。中央政府は，地方政府への「放」政策が行き過ぎて，不動産バブルの崩壊や長期的不況に陥ると「収」政策に転じて，景気浮揚を図ってきた。それによって，デフォルト，倒産を回避してきた。

中国においては，「放」と「収」は，暗黙の政府保証を維持するために，必要不可欠なシステムという見方もできよう。他方で，特に地方政府においてこのシステムの維持に，土地の価格維持が必要不可欠になっていることは課題であろう。

注

1　梶谷（2016）p. 186参照。
2　省の下に，市，県（日本の郡に相当），鎮（日本の町村に相当）の4層構造となっている。
3　任哲（2012）pp. 93-96参照。
4　任哲（2012）では，約束が反故にされるケースにも言及している。
5　中国の地方政府は一般に，省，市，県，鎮の4層構造とされている。張丙宣・任哲（2015）

では農地は農民が組織する村民委員会（村長は農民が選出）が一自治単位として管理しており，実質的には鎮の下に村がある5層構造であると指摘している。村からの農地収用を行うのは下層の鎮レベルが多いが，上層（県，市，省）との共同で工業団地の開発を行うケースも多く，その場合は，出資比率で売却益が配分されることになる。

6　斎藤（2005）p. 1参照。

7　田中（2012）p. 4参照。

8　出所：中国企业家调查系统「中国企业经营者问卷跟踪调查报告」(2015)。

第5章

中国における重点産業政策への日本企業の対応策

第1節 「放」と「収」の周期の理解

(1) 「収」政策時に外資企業のリスクは拡大

日本企業にとって，世界金融危機以降の2010年に名目GDPで世界第2位に浮上した中国との付き合いは避けては通れないものとなっている（前掲図1-1)。自動車市場[1]や電子商取引は既に米国を凌駕するなど，世界最大市場となっている分野は多い。グローバル経済においてウェイトの高まる中国市場の存在感を勘案すると，外資企業は，重点産業政策に追随する以外の選択肢は限られると考えられる。その限られたなかでどのような対応策を採ることができるのか，外資企業が中国政府の政策に呼応するに当たって留意すべき事項は何だろうか。

第2章から第4章にかけて，中央政府，国有企業，地方政府は，対外的には中国政府として一枚岩に見られることが多いが，実際には，必ずしも一枚岩とは言い切れず，「放」と「収」のサイクルを繰り返している様子を確認した(前掲図1-2)。本章では，そのサイクル下における，外資企業の対応，特に日本企業の対応策について考察していくこととしたい。

外資企業を戦略的に活用するという姿勢は，中央政府，国有企業，地方政府のいずれも，「放」・「収」のサイクル下において一貫しているが，中央政府が，国有企業および地方政府への関与を緩める「放」政策の際に，外資企業にとってのビジネス環境が改善し商機は拡大するといえるだろう。国有企業の技術導入や構造改革のパートナーとして，地方産業振興の中核企業として，国際競争力の高い外資企業への期待は高まるためである。

他方で,「収」政策に転じた場合は,ビジネス環境は悪化するといえるだろう。その場合,中国企業が外資企業よりも優遇され,さらに,国有企業が民営企業よりも重視される傾向が強まる。その傾向が顕著に強まったのは,「放」から「収」政策に転じた2010年代に入ってからであり,「国進民退」という言葉が使われるようになるなど,世界金融危機以降の投資けん引役として国有企業が優先され,外資企業の役割期待は低下したという懸念の声が高まっている。

「放」政策下であれば外資企業の役割期待は上昇するが,「収」政策となると外資企業の役割期待は低下する。そのため,「放」と「収」の変わり目,潮目をいかに読むかが外資企業にとっては肝要となる。

(2)　「収」から「放」,「放」から「収」への変化は,政策失敗時と景気低迷時

中央政府と国有企業の関係に関して朱炎（2013）は,「政府が失敗すると市場で補い,市場が失敗すると政府が補う」[2]と指摘しているが,この指摘を勘案すれば,政策失敗時と景気低迷時が潮目ということになろう。1990年代から2000年代前半にかけて,国有企業改革が進展したのは,政府経営の行き詰まりを民営化で補おうとしたためであったし,2008年～2009年の世界金融危機以降に国有企業が台頭したのは,景気低迷時といえる。実際に,いずれも「放」政策から「収」政策に転じている。政策失敗時と景気低迷時,その際に最大限注視する必要が出てくる。

中央政府と地方政府の関係に関しては,産業振興のために不可欠となる財源の確保に着目すると,杜進（2013）が指摘するように,1994年の分税制の導入と1998年の新しい土地管理法の導入（1999年施行）という制度変更が大きな変更点[3]となっている。その結果,租税収入の確保は中央政府が強固な基盤を固めたが,農地の非農地への転用による土地財政収入は地方政府が強固な基盤を固める干天の慈雨の「放」政策となった。地方政府は,土地財政を梃に産業振興を独自に行って,地方政府間で激しく競争するため,中国全体でみると生産能力の過剰を招きやすい。過剰となれば市場価格は低下して収益性が悪化するため,中央政府は「収」政策に転じる。地方政府間の競争が過剰になるの

は，中央政府が，地方政府の管理に失敗した時とみることができる。地方政府の幹部の人事権は，党≒中央政府が握っており，国家発展改革委員会が地方政府のプロジェクトの認可権を有している。これらの権限を駆使した「収」政策によって，中央政府は地方政府のコントロールを強化する。他方で，景気が低迷すると，中央政府は，地方政府に対して政策総動員を求め，投資拡大をいわば強要する。景気低迷を政策で補うことになるが，新分野においては，中央政府は地方政府の産業振興への投資に対しては「放」政策を採る。こちらも，政策失敗時と景気低迷時，その際に最大限注視する必要が出てくる。

このように，中央政府と国有企業，中央政府と地方政府の関係は，いずれも政策失敗時と景気低迷時が「収」から「放」，「放」から「収」への潮目となっている。政策失敗時は外資企業への期待が高まることになるが，国有企業の業績が低迷したり，地方政府の重複投資が顕在化したりして，構造問題の顕在化への留意が必要な時期とも言えるだろう。景気低迷時は，景気浮揚のために，そのけん引役として国有企業や地方政府が実行役を担い，中央政府から優遇を得る。そして，危機の終息後，国有企業と地方政府がより存在感を高めることになる。

特に景気低迷時に，中央政府の国有企業，地方政府に対する関与が強まり，そこでは，景気浮揚と戦略分野が重なる重点産業に該当するか否かによって外資企業の選別が進む。外資企業からすれば，選別に残れば受益が得られるも，外れれば脅威が増すと考えられる。

第 2 節　「収」政策の実施時の判断

(1)　脅威―国際批判同様に技術移転強要などを懸念―

前述した通り，米国の Hemphill and White（2013）が，最も外資企業の脅威になるとしているのが，中国政府による技術移転の強要であり，「2005 年以降に，市場経済化は進むと同時に，政府による大型国有企業のサポートが強化されて，結果的に政府の関与は強まっている」[4] と指摘している。中国国内市場と外資先進技術は交換されてしかるべきという考え方が，中央政府，地方政府，国有企業の根底にはあり，その姿勢が，2000年代半ば以降に，より強固になっているとの見方は根強い。また，1990年代は，国有企業の民営化や寡占を排して複数社による競争原理の導入が進んだが，2000年代に入ると中央政府が，国有資産監督管理委員会傘下の国有企業の統合を進め，中国国有企業の大型化が進むことになった。Hemphill and White（2013）は，中国の国有大型企業は，中国の市場成長によって生まれたものではなく，同国政府の五カ年計画によって生まれたものだと結論付けている。

中国はWTOに加盟する際に，市場経済化を進めることを公約してきた。その後，そのための法整備は進めたものの，法の運用は形骸化がみられ，公約が順守されていないという国際批判が高まっている。2019年2月に米国通商代表部（USTR）は「Report to Congress on China's WTO Compliance」（以下USTR（2019））を公表している。USTR（2019）の内容は，中国企業に対する補助金の拠出や，知的財産権の保護が不十分であることなど，中国政府の産業振興への姿勢を批判した内容[5]であるが，6年前のHemphill and White（2013）と重なる部分が少なくない。米国の対中重点産業政策批判は決して目新しいものではなく，従来からの主張が繰り返されている様子がうかがえる。

(2)　機会―重点産業政策への呼応による機会を獲得―

他方で，中国の重点産業政策は，外資企業にとってチャンスになるという見方もある。第1章で前述した通り，欧州のPrud'homme（2016）は，脅威として，中国企業が得られる金融支援，不十分な知的財産権などがあること[6]を指摘している。他方で，機会として，外資企業のJV相手や提携先，取引先の中国企業が重点産業政策に該当する産業・企業になると，外資企業もまた，税制優遇や政府補助金，金融支援など，直接・間接的に様々な中国政府のサポートを得られるとしている。重点産業の選別は，意図的に市場を歪める傾斜政策であるが，傾斜配分を行わなければ有望分野への大型投資は行えないこともまた確かであろう。

Prud'homme（2016）が指摘した通り，外資企業であっても，重点産業政策に該当していれば，直接的な税制優遇，さらにはJVや提携先中国企業経由の間接的税制優遇が得られる。特に，グローバルに展開する外資企業にとって，中国のグローバル市場における存在感は高まっている。グローバル企業であればあるほど，中国から撤退するという選択肢は採りにくくなっているのが実情であろう。むしろ，中国の重点産業政策に適切に呼応していくことが，経営戦略上の有効な選択肢となる。

(3) 政策呼応傾向がうかがえる日本企業

ここで日本企業の中国への関心をみずほ総合研究所（当時，現みずほリサーチ＆テクノロジーズ）のアジアビジネスアンケートからみてみると（図5-1），世界金融危機直後の2009年度調査では，4兆元の内需拡大策を打ち出した中国への関心が高まっている。2012年度に日中関係が緊張すると日本の対中直接投資は一時的に落ち込んだが，2015年度以降は持ち直している。そのけん引役となったのは，工作機械や自動車産業であり，2016年に打ち出された「中国製造2025」を受けた中国における製造業の生産性向上や，自動車の次世代化といった製造業高度化政策を受けたものである。

いずれも，中国の重点産業政策に呼応した形で，中国への関心が高まったり，持ち直したりしている様子がうかがえる。このことは，重点産業政策の発動を「機会」と捉えていることの証左であろう。

図5-1 日本企業の国際展開上，今後最も力を入れていく予定の地域の推移

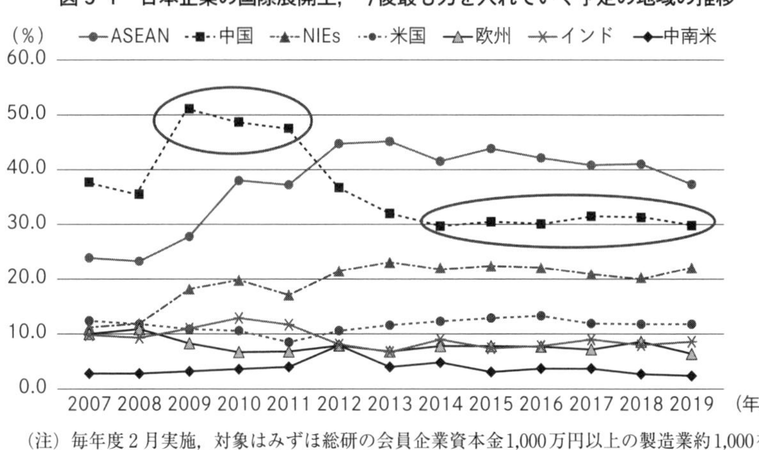

（注）毎年度2月実施，対象はみずほ総研の会員企業資本金1,000万円以上の製造業約1,000社。
（出所）みずほ総合研究所「アジアビジネスアンケート」。

これまでみてきたように，中国国内の国有企業が優遇されており，外資企業に対する公平な競争が阻害されており，技術移転を強制されているという「脅威」との論調は根強い。中央政府の介入が市場成長を歪めているとの指摘は否定はできず，重点産業政策から外れれば，従来得られていたサポートは得られにくくなる。

それでも，中央政府，さらには，各地方政府が自国，自省にとって望ましい選択肢として進める重点産業政策の選別に対し，少なくとも中国国内で事業を行う限りにおいては，日本企業はまずは追随する選択肢を採るケースが多くなっていると考えられる。

第3節　重点産業政策のゴールの障壁

(1)　供給重視に伴う需給バランスリスク

政策に追随しつつも，中央政府主導の重点産業政策が必ずしも成功するとは限らない点には留意が必要となろう。中国において，地方政府と国有企業は中央政府によって統制されているが，中央政府を統制する仕組みは未整備である。党≒中央政府という立場に基づくと，中央政府の政策は速やかに実行されやすいが，野党やメディアによる政策批判という機能は整備されておらず，中央政府の政策の修正は容易ではないためである。

第1に，需給バランスの問題がある。例えば，中国政府は電気自動車を積極導入するために2018年4月にNew Economic Vehicle（NEV）規制[7]を導入している。ガソリン車メーカーは，電動車生産にシフトするか，電動車メーカーからクレジットを購入することが義務付けられている。他方で，電気自動車購入者向けの補助金は段階的に削減されていくことになっている。電気自動車生産が，土地財政などを原資とした地方政府の補助金の積極投入で増強される一方で，必ずしも，電気自動車市場がそれと同等のスピードで成長するという保証はない。中国は，2000年代まで2桁の高い実質経済成長率を続けてきており，供給能力を伸長させれば，需要はついてくることができたが，2010年代に2桁成長は終焉し，2020年代以降は人口動態のピークアウトなどからさらに成長速度が落ちると懸念されている。

経済規模を勘案すると，成長速度が落ちても市場としての魅力は揺るがないものの，需給バランスを精査したうえで，重点産業政策の成否を見極めることが肝要となる。

(2)　重点産業内の地方政府の競争過熱リスク

第２に，重点産業政策内の競争過熱のリスクがある。各地方政府同士は基本的には競合相手である。実際に，過去，家電，自動車，鉄鋼などの伝統的な重厚長大生産拠点が各地方に乱立して，度々生産能力過剰となってきた。地方政府は，その過程で時にレバレッジを効かせて地方政府系銀行・地方設立のノンバンク（融資プラットフォーム）などからの借入金も活用しながら土地財政を進めるが，不動産価格が下落すれば，過剰な債務を抱えることにもつながる。

ハイテク産業においても，同じ事態に陥る懸念はある。2010 年代後半からの米中摩擦に伴う米国の対中技術移転抑制圧力によって，中国の中央政府は半導体の内製化を急ごうとしている[8]。当該分野が重点産業政策のなかでも最重要になりつつあり，地方政府には，当該分野の投資に関しては，「放」政策を採っている。

中国政府は，中央政府が半導体産業育成の基金[9]を設置しており，基金が地方政府が誘致する企業に出資する形で国全体として新産業への投資を促している。中央政府は地方政府に構造転換の一環として当該分野への展開を促し，地方の生産能力過剰に配慮しているが，地方政府同士は，基本的に競合関係にある。

ハイテク分野は，技術的なキャッチアップのハードルが高いことから，高度な生産設備の整備と技術者が育たないと供給力を増強できない面が強いが，前述の需給バランスでも言及したように，中国全体としてみた場合には，供給過剰となりやすい体質があることは認識しておく必要があろう。

(3)　中央政府，地方政府，国有企業の産業振興に対して高まる外圧リスク

第３に，技術覇権を巡る米国などとの競合がある。米国議会の委員会は，第五世代移動通信システム（5G）通信や GPS などのいくつかの分野で，中国は

既に米国へのキャッチアップが進んでいると指摘しており（前掲表1-1），米国を筆頭とする先進国は，技術移転への警戒感を高めている。日本企業も，特に安全保障と密接な分野においては，中国への技術移転には十分留意する必要が出てくる。

2018年10月，米国のペンス副大統領（当時）は，対中政策に関する包括的な演説を行っている。その内容は多岐に亘るが，産業政策面に限ると，中国政府が強制的な技術移転や産業補助金など不公正な政策を利用して産業振興を進めており，「中国製造2025」もまた同様の手段で行われ，特に，米国の知的財産をあらゆる手段で取得しようとしているという厳しい内容のものであった。その後も，大統領，副大統領，国務長官（外相に相当），さらに与野党を問わず，政府高官による同様の対中批判が続いている。

これらの事象から，日本企業には，中国の重点産業政策の範疇に入ることで中国政府のサポートを得つつも，生産過剰，技術覇権争いなどの影響を加味して，機動的な対応，具体的には，早期に投資資金を回収することが求められているといえるだろう。加えて，技術供与に対しては，従来以上に慎重になることが求められよう。

(4)　日中連携の分野が徐々に狭まるリスク

前述したように日本においては，旧通商産業省が第二次大戦後，外資企業の参入を抑制し，国内産業の保護・育成を重視する政策を採ってきたことが知られている。旧通商産業省が導入を試みた「特定産業生産振興臨時措置法」（通称，「特振法」）は，1962年～1964年に国会で3年に亘り審議されるも廃案となったが，1970年代以降，同省主導の大型プロジェクト（「超LSI技術研究組合」（1976年），「第5世代コンピュータプロジェクト」（1982年）など）が度々行われた。山本（1993）は，「日本型産業政策は，過度な政府の介入は，市場競争を歪め，内外資共存の発展を歪めた」[10]と批判している。池田（2016）は，「成功したものもあるが失敗に終わったものが多い」[11]と指摘している。

この日本の戦後の産業政策は，政府主導で特定産業の産業振興を大規模に図るという点において，中国の重点産業政策の手法に類似するが，外資企業への市場開放という点では中国のほうが一定程度開放的であるといえる。日本の重

表 5-1　分野別にみた日中連携の余地

分野	業種	日中連携
輸入代替推進	次世代情報技術産業	中国側は技術パートナーとして日本に期待。日本側にとっても，中国の産業高度化のための投資が商機になる面も
	高性能 NC 制御工作機械・ロボット	
	新素材	
新領域	省エネルギー・新エネルギー自動車	中国政府のバックアップが得られれば，日中共同市場開拓が進む可能性も
	バイオ医療	
インフラ輸出強化	先進的軌道交通整備	かつては日本は技術パートナーだったが，現在は日中競合度強まる
	電力設備	

（出所）酒向（2016）p. 24。

点産業政策は，日本企業を守る色彩が濃厚であったが，中国の場合は，外資企業を戦略的に活用することが前提となっている。

中国が産業高度化を図るうえで，外資企業の選別が進んでおり，日中の連携の分野が徐々に狭まっているのは事実である（表 5-1）。中国が輸入代替を進めたいハイテク分野であれば連携の余地は大きく，新たに産業振興を図りたい省エネルギー・新エネルギーであれば，中国の地方政府などからの財政支援が期待できる。

しかしながら，電力設備や高速鉄道などのインフラ輸出分野では，既に中国は競合相手となっている。したがって，どの産業・分野に属しているか，また旧来型産業であっても新たなイノベーションが進んでいるか否かの見極めが，中国の重点産業政策に日本企業が呼応する際には肝要となろう。

注

1　世界の生産台数は約 1 億台（2018 年），中国が約 3 割，米国が約 2 割を占める。
2　p. 44 脚注 32 参照。
3　杜進（2013）p. 81 参照。
4　Hemphill and White（2013）pp. 193–212 参照。
5　USTR（2019）pp. 1–192 参照。
6　Prud'homme（2016）pp. 103–115 参照。
7　中国で年間に 3 万台以上を生産・輸入する完成車メーカーが対象。中国での内燃機関車の生産や輸入量に応じて，NEV の生産実績で付与される「クレジット」を獲得しなければならない。目標は 2019 年に 10%，20 年には 12% と引き上げられる。未達成の場合は他社からクレジットを購入する。NEV対象は電気自動車やプラグインハイブリッド車，燃料電池車でハイブリッド車は含まれない。ハイブリッド車は内燃機関車における低燃費車と位置づけられ，「クレジット」獲得面では優遇が得られる。

8　米中貿易摩擦は，新規投資マインドを冷やす面もある。

9　一例として2014年に設置された国家集成電路産業投資基金を挙げると，40社超の半導体関連企業に投資している。

10　山本（1993）p. iv，p. 54参照。

11　池田（2016）p. 1参照。

第6章

中国の重点産業政策とASEANとの関係

第1節　ASEAN上位国のケース

(1)　所得水準が伸び悩むタイ・マレーシア

中国の中央政府，地方政府，国有企業の3者による重点産業政策は，世界金融危機以降，中国国内の高速交通網および電子商取引網の整備，産業高度化などで成果を挙げているが，その手法は周辺国でも注目されており，中国もまた重点産業政策の対象を周辺国にも広げつつある。

中国は近隣外交を重視するなかで地理的に隣接するASEANを特に重視しているが，日本企業もまたASEANを特に重視している[1]。そこで本章では，中国の重点産業政策がASEANに影響を与えている様子について考察していくこととしたい。

まず，ASEAN側が中国の重点産業への関心を高めていることを確認しておきたい。総人口6億人超のASEAN全10カ国において，人口1,000万人以上の7カ国[2]に注目して所得水準の目安となる一人当たり名目GDPでみると，タイ・マレーシアが先頭集団（「上位中所得国」），インドネシア，フィリピン，ベトナムが第2集団[3]（「下位中所得国」），カンボジア，ミャンマー（同）が第3集団となる。第2集団・第3集団は，投資環境の改善やマクロ経済の安定化を図り，外資企業の資本を量的に拡大することによって成長する余地が大きい。先頭集団であるタイ・マレーシアは，ASEANにおいて所得水準では突出しているが，既に労働集約から資本集約への移行が一定程度進展しており，今後は資本集約から知識集約への移行が期待される段階に入っている。しかし，

図 6-1　ASEAN 主要国・中国の一人当たり名目 GDP 推移

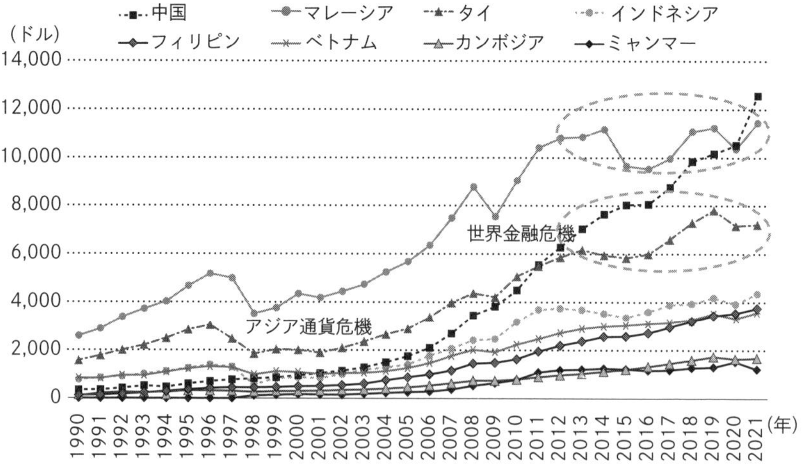

（出所）IMF "World Economic Outlook Database"（Apr.2023）より，筆者作成。

中国とタイ・マレーシアの一人当たり名目 GDP を比較してみると，2010 年代に入って中国が着実な伸長を続ける一方で，タイ・マレーシアが伸び悩んでいる様子がうかがえる。2010 年代前半にタイは中国に抜かれ，2020 年代に入ってマレーシアも中国に抜かれた状況にある（図 6-1）。

タイ・マレーシアは，「高所得国」入りを目前にして立ち止まっているかにみえるが，中国はその伸長ぶりから一足早く「高所得国」入りを果たすとの見方が強まっており，中国の動向が注視されている。中国は，第 2 章～第 4 章でみた通り，中央政府の強い指導の下，土地が国有であることや，国有企業，地方政府が大きな存在感を持っていることを活かした重点産業政策主導で相対的な高成長を維持している。一方で，中国とは政治体制が異なり，一定の民主化が進んだタイ・マレーシアは，国内の政策合意などの面において，時間をかけて「高所得国」入りを目指せばよいという考え方もあろう。しかし，成長のために残された時間は決して長くはないと考えられる。背景にあるのは高齢化の進展であり，特にその傾向が顕著なのがタイである。タイでは，1970 年に家族計画政策[4]が導入されて人口抑制策が採られたことなどにより，アジアにおいては相対的に高齢化が進展している（図 6-2）。

図 6-2　日本，中国，タイ，マレーシア，カンボジアの人口推移

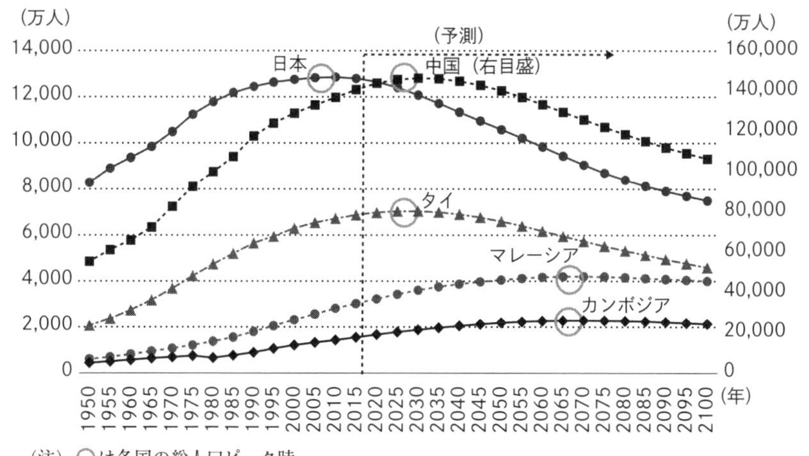

（注）◯は各国の総人口ピーク時。
（出所）UN “World Population Prospects”（The 2019 Revision）より，筆者作成。

高齢化の進展は，労働力不足，貯蓄率の低下に伴う投資余力の低下，社会保障費負担の増加などをもたらす。そのためタイ政府には，高齢化の進展前に政策的な先手を打たねばならないという意識が強い。1970年後半から一人っ子政策[5]を行ってきた中国においては，国が豊かになる前に国が老いることを，「未富先老（豊かになる前に老いるという意味）」と呼んで警戒していることが知られている。タイ政府も「高所得国」入り前に，高齢化の進展によって「上位中所得国」に留まり続ける事態を警戒している。

マレーシアにおいては，高齢化の懸念はまだ深刻化してはいない。しかし，周辺国よりも相対的に所得水準が高く，約3,200万人と国内の人口規模が限られるなかで，非合法を含めて約600万人[6]ともされる外国人労働者が流入している。これらの外国人労働者数のこれ以上の流入を抑制すべきとの国内の圧力が高まるなかで，生産性の向上をいかに図るかが課題となっている。

(2)　産業高度化の障壁

そこでタイとマレーシアが揃って打ち出しているのが，産業高度化を図る「インダストリー4.0」政策である。

タイは「タイランド 4.0」，マレーシアは「インダストリー 4WRD」[7]と命名しているが，いずれも産業高度化を目指している点で共通している。タイは産業集積の進んだ自動車，電機の高度化に注力する内容となっており，マレーシアは，産業集積の進んだ電機，機械の高度化に注力する内容となっている。また，両国共に，産業横断的なデジタル化の推進や医療，航空宇宙などの新分野を振興することを盛り込んでいる。

第2章でみた通り，中国は産業高度化政策として「中国製造 2025」を進めているが，「タイランド 4.0」と「インダストリー 4WRD」は，「中国製造 2025」と自動車，電機，機械などにおいて重複している（表 6-1）。ただし，中国は国内需要が比較的旺盛なインフラ分野に重点を置いているのに対して，農業国

表 6-1　「中国製造 2025」，「タイランド 4.0」，「インダストリー 4WRD」

	中国	タイ	マレーシア
政策	中国製造 2025	タイランド 4.0	インダストリー 4WRD
1	次世代情報技術産業	次世代自動車（短中期）	電機・電子（電子部品，工業用電子部品，家庭用電子製品，電気製品）
2	高性能NC制御工作機械・ロボット	スマートエレクトロニクス（短中期）	機械設備（特殊機械整備，発電用機械設備，一般機械設備・同部品，工作機械）
3	航空・宇宙用設備	メディカル＆ウェルネスツーリズム（短中期）	化学（石油製品・石油化学，ゴム製品，プラスティック製品，化学・化学製品）
4	海洋工程設備およびハイテク船	農業・バイオクラスター（短中期）	医療機器（消耗品，医療機械，手術機器・医療器具・インプラント）
5	先進的軌道交通設備	先進的な食品（短中期）	航空宇宙（エンジニアリング・デザイン，システム統合，航空機製造，メンテナンス，修繕，運営）
6	省エネルギー・新エネルギー自動車	ロボット工学（長期）	
7	電力設備	医療ハブ（長期）	
8	農業設備	航空・ロジスティクス（長期）	
9	新素材	バイオ燃料・バイオ化学（長期）	
10	バイオ医療	デジタル（長期）	

（注）網掛けは3カ国の重複が少なく，各国の独自色が強い部分。
（出所）各国政府資料より，筆者作成。

でもあるタイは農業・食品・バイオ燃料分野，天然資源国であるマレーシアは化学分野に重点を置いており，地産型産業の伸長という点では，各国毎の特徴がみられる。

中国は，「中国製造2025」推進にあたって，5Gや半導体などを巡って米国との摩擦が先鋭化している。このことは特定分野において中国企業が米国企業を脅かすほど技術力を向上させてきたことの証左ともいえよう。中国においては，外資企業にも市場参画余地はあるものの，基本的に中核となる主要産業の振興役には自国企業を中心に据えて産業高度化を進めていくとみられる。

一方で，「タイランド4.0」と「インダストリー4WRD」政策は，それを実行する国内企業がごく限られていることから，外資企業の技術・開発パートナーが必要な状況にある。そのため，この技術・開発パートナーとして，先進国企業に加えて，中国企業への期待を高めていると考えられる。

(3)　中国との協調を模索

第2章でみたように，世界金融危機以降，中国は中央政府，地方政府，国有企業の3者による重点産業政策により，① 国内を高速交通網と電子商取引(EC) 網でカバーして内需基盤の強化，② 輸出先の先進国への過度な依存から新興国への多様化，さらには，「一帯一路」政策として近隣国との連結性強化，③ 製造業の高度化，特に重厚長大産業からハイテク産業へのシフトを進めてきた。

「インダストリー4.0」は，このうち，③ 製造業の高度化に該当するものであるが，①，② についても，タイ・マレーシアは，高い関心を示していると考えられる。両国共，高速交通網の敷設で地域開発を進めたいと考えており，ECの活用で店舗網や営業時間に縛られずに個人消費のすそ野を拡大し，中国との連結性強化による対中財・サービス貿易の拡大にも期待していると考えられる。前述した通り，タイのPunyaratabandhu and Swaspitchayaskun (2018) は，「中国の一帯一路の推進は，タイの地域開発を促し，中国人観光客の拡大も期待できる」[8]としており，マレーシアのYeoh, Chang and Zhang (2018) は，「中国は大学などの高度教育分野で協力しており，マレーシアの人材育成に寄与している点を評価する」[9]としている。国内の経済格差の是正や，高度人材の育成面で，中国への期待が高まっている様子は興味深い。

中国とASEAN上位国では，所得水準でみれば同水準であり，中国がASEAN上位国の産業高度化に寄与し得るかという点に関しては懐疑的な見方もあろう。みずほ総合研究所（当時）は，2019年7月に，タイのサイアム商業銀行（SCB）と，シンガポールの政府系シンクタンクISEAS Yusof Ishak Institute（ISEAS）から，エコノミスト・研究者を招いて，アジアの政策課題などに係るシンポジウムを開催した[10]。その場において，SCBのタイ経済が専門のスリタンポン・タナポル博士は，「中国製造2025」を推進する中国のイノベーション力について，「中国は，「タイランド4.0」のターゲットとなっている産業で一定の競争力を有している。タイは中国の経験を活用し，自国のイノベーションを促進することができる」と評価し，中国は，「タイランド4.0」のパートナーになり得るとの見解を示した。

ISEASのマレーシア経済が専門のタム・シューイン博士は，「中国の通信設備大手の華為技術（ファーウェイ）がマレーシアトップレベルのマラヤ大学と戦略的パートナーシップを締結し，マレーシアにおけるICT人材の育成と学生の就職を支援する動きがある」ことを紹介した。このように，中国がASEAN上位中所得国の産業高度化に寄与する動きがみられることを認識しておく必要はあろう。

第2節　タイ東部経済回廊開発（EEC）にみる中国との協調

(1)　中国の広域開発とタイの地域開発の親和性

続いて，中国側がASEAN上位国にどのようにアプローチして，「インダストリー4.0」政策や連結性強化に関与しているのかを，タイのケースでみてみる[11]。

前述したようにタイ政府は自国の産業高度化を図る「タイランド4.0」政策を進めており，同国最大の深海港であるレムチャバン港などを擁するチョンブリーおよび隣接するチャチェンサオ，ラヨーンの3県からなる東部経済回廊（Eastern Economic Corridor：EEC）をその実践の場と位置付け，開発に注力している（図 6–3）。

中国は，その EEC の開発パートナーに名乗りを上げ，積極的な協力姿勢を示している。2016 年 9 月に両国政府の間で協力合意が形成され，2018 年 8 月には王勇国務委員（当時，国有企業担当）をトップとする 500 人規模の経済界のミッションがタイに派遣され，EEC を視察した。本節では，2018 年 12 月に筆者が行った現地調査も踏まえながら，中国の EEC への関与から，中国と ASEAN 上位国の関係を考察してみたい。

EEC 開発は大きく 2 分野に分かれている。1 つはインフラ開発で，バンコク首都圏と EEC を結ぶ高速鉄道やデジタルパークの新設，既存のレムチャバン港，ウタパオ空港，マタプット港の拡張・近代化などが主要プロジェクトとなっており，特に当該インフラ分野で中国企業の積極的な動きが目立つ。もう

図 6–3　EEC 開発計画の概要

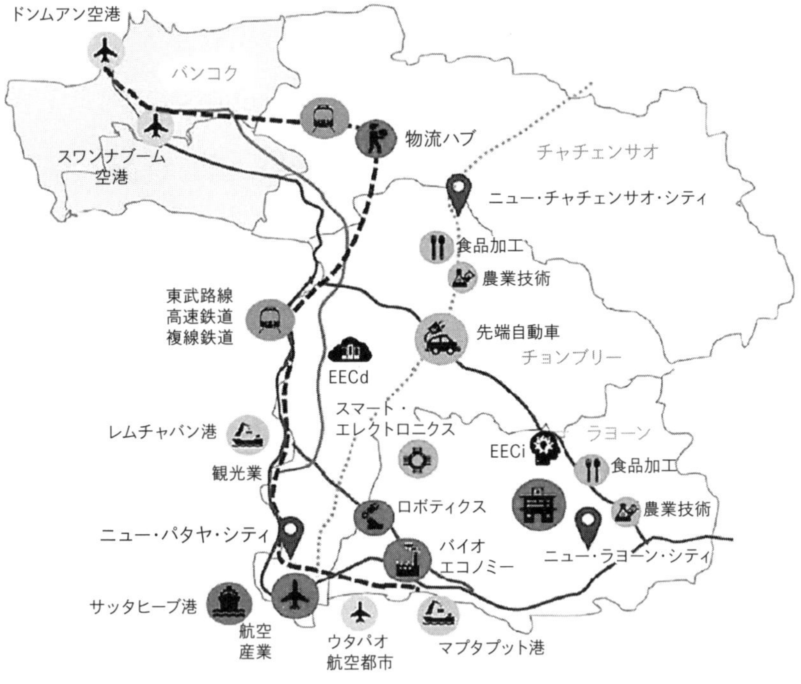

（出所）EEC 事務局。

1つは産業振興であり，自動車，電子，農業，食品などの既存産業の高度化と，デジタル，航空，ロボット，バイオなど新産業の育成がターゲットとなっている。ここでは，デジタル分野などで中国企業の動きが目立っている。

中国政府はユーラシア大陸の東端の中国と西端の欧州を陸路と海路で連結する「一帯一路」構想を2013年以降に推進しており，特に自国に隣接するASEAN地域を「一帯一路」構想における最重点地域の1つに位置付けている。タイ政府が「タイランド4.0」およびそれに伴うEEC開発を対外公表したのは2016年半ばである。「一帯一路」は，中国と周辺国との連結性を強化することに主軸が置かれているが，EECもまたタイとカンボジア，ラオス，ミャンマー，ベトナム（CLMV）などの周辺国との連結性を強化することが狙いの1つとなっており，構想面でみると両者の親和性は高かったといえよう。そのためタイ経済を総括するソムキット副首相（当時）が2016年9月に訪中して張高麗副総理（当時），王勇国務委員（当時）と会談した際，中国はタイの国家改革・経済投資を支援し，タイは中国の「一帯一路」政策に積極的な役割を果たすという相互協力に合意することとなった。

これ以降，中国にとってEECは「一帯一路」におけるASEANのゲートウェイの1つとなり，中国によるEEC向けの投資は「一帯一路」構想の一環という位置付けとなった。2017年9月には，中国で開催されたブラジル，ロシア，インド，中国，南アフリカ（BRICS）首脳会議にタイのプラユット暫定首相（当時）が特別に招待された。同首相は習近平国家主席と会談し，中国はEECを，タイは「一帯一路」をそれぞれ支援することを再確認している。

こうした経緯を経て，2018年8月にバンコクで開催された「タイ・中国ビジネスフォーラム」の場で，タイのソムキット副首相（当時）は，「中国の「一帯一路」政策によりASEANは世界各国との戦略接続拠点に変わった。その中心のタイは，カンボジア，ラオス，ミャンマー，ベトナム（CLMV）や中国，インドとの結びつきが強い。中国企業にとって投資先として最適な国だ」と発言し，「一帯一路」とEECの親和性を改めてアピールした。フォーラム開催後，王勇国務委員（当時）の大規模ミッションがEECを視察し，「一帯一路」とEECのリンケージ強化が始動することとなった。

EECの大型インフラは2018年11月から入札が始まった。中国の国有企業である中国鉄道建設（中国鉄建）が高速鉄道においてタイの大手財閥であるチャロン・ポカパン・ホールディングス（CP）が組成するコンソーシアムに参画し，その他のプロジェクトでも同社はすべて入札書類購入を行うなど，中国企業の積極的な姿勢がみられる。

(2)　デジタル分野の協調

このほか，中国最大の電子商取引（EC）プラットフォーマーであるアリババ集団は，EEC におけるデジタル分野の振興で存在感を高めている。タイ政府は，デジタル分野のパートナーの有力候補としてアリババ集団に対するアプローチを強化し，2016 年 10 月にアリババ集団と協力覚書を締結している。

タイ政府は EEC におけるデジタル分野の振興を図るうえで，アリババ集団の越境 EC 物流網に加え，人材支援にも期待しており，これに対してアリババ集団は EEC 内にスマートシティハブを設置すると共に，人材育成を支援する。具体的には，EEC 内に広大な物流拠点をまず設置し，EEC を中国・ASEAN の越境 EC ハブに育てていく意向を示している。

前述の通り，アリババ集団は民営企業である。第 3 章でみたように，デジタルのような新領域においては，有望民営企業の存在感が，国有企業に替わって中国の周辺国にも波及するようになっており，重点産業政策に関与している様子がうかがえる。

中国において EC は新たに発展した分野であり，国有企業が未開拓の分野であったためにアリババ集団のような民営企業が台頭したが，その後中央政府は EC 規制の強化などで経営への関与を強めており，対外政策の実行役に取り込んでいる面もあると考えられる。

(3)　製造分野の協調

さらに，中国は，現時点では小規模にとどまる EEC 地域への製造業の進出についても，受け皿となる工業団地の整備を通じて後押しする方針である。その一例として，タイの工業団地大手アマタが EEC 内のラヨーン県で開発するアマタ・ラヨーン工業団地内に設けられた「タイ・中国ラヨーン工業区」が挙げられる。当該工業団地には日本企業が数多く入居するが，その一角に設けら

図 6-4　タイ・中国ラヨーン工業区

（出所）筆者撮影（2018 年 12 月）。

れた同工業区は中国企業と共同で 2006 年から操業が続けられ，2017 年に敷地面積を倍増したことで 80 社から 100 社超まで入居企業が増加している。既に中資系銀行や工場の外内装を請け負う中資系企業も進出するなど，中国企業のサポート体制が整っていた（図 6-4）。現地では，「米中貿易摩擦は，輸出型中国製造業のタイへの投資拡大を促している」（地場金融機関）との声も聞かれた。

ASEAN 内需を狙う中国製造業の市場開拓も始まっている。上海汽車は CP グループと合弁で EEC 内のチョンブリー県に年産 10 万台の工場を新設し，買収した英国 MG のブランドで 2017 年末に自動車生産を開始している。

(4)　中国重点産業政策の特徴

タイ政府は，今後も中国に対して EEC への積極関与を求めてくるものとみられる。中国にとって EEC は，「一帯一路」の一環としてのインフラプロジェクトの受注先，ASEAN における新たな輸出および市場開拓のための拠点確保という意味合いが強まっている。

タイ政府は日本（政府・企業）に対しても積極関与を求めているが，日本にとって EEC は既に集積が進んでいる地域であることから，同地域開発は事業環境の改善の意味合いが強いといえる。

中国のEEC参画の動きをタイの対応も踏まえて整理すると次のようになろう。

① インフラ開発に係るスピード

EECの投資環境の改善にはインフラ整備が不可欠である。「一帯一路」とEECをリンクさせる中国の参画は，インフラ投資を活発化させる起爆剤となっている。タイがEEC開発を急ぐ背景として，「タイは少子高齢化がASEAN諸国のなかでも進んでおり，大型インフラは今取り組まないと，将来は財政的に実現がより厳しくなるという意識が政府内に根強いことがある」（高速鉄道に係る日本の技術系研究者）との指摘があった。その点，中国はインフラ事業に取り組むスピードが速い点がタイにとっては魅力的に映っている（タイ進出日本企業）ようである。EECの大型インフラ開発においては，中国鉄建に代表されるように，中国国有企業の積極姿勢が引き続き受注に有利に働くことになろう。

他方で，中国の「一帯一路」政策は，ラオス，カンボジアなどの「一帯一路」の沿線諸国で対中債務の拡大をもたらしているとの指摘があり（詳細後述），大型プロジェクトの着工後に，債務問題の顕在化でプロジェクトが頓挫したり見直されたりするケースがマレーシアなどタイの近隣国で起きている。これらの事象に対しては，「タイは近隣国と異なり中国政府からの借り入れには慎重である。あくまで国内の民間資金主導で進めていく」（タイ政府・タイ金融機関）とのことであった。財政健全性の観点からは評価できる姿勢であるが，中国企業によるフィジビリティ・スタディ（F/S）が十分行われていない可能性を踏まえると，着工後に採算性への疑義などから民間の開発資金供給が続かずプロジェクトが停滞するリスクはあろう[12]。

② デジタル分野の存在感

タイ政府が目論むEECの新産業であるデジタル，航空，ロボット，バイオの振興について総じてハードルが高いと見込まれるが，この内デジタルにおいては，中国のアリババ集団の呼応によって中国主導で進捗するとの見方が強まっている。アリババ集団は一民営企業であるが，その行動やASEAN各国でのコミットは1企業のレベルを超えており，今や新分野では有望民営企業がASEANにおける中国の重点産業政策の中核実行役の1つを担っているといえるだろう。

③ 有望民営企業の存在感

タイEECは，中国との越境物流ハブとして成長していく可能性があろう。また，米中貿易摩擦が燻るなかで，中国企業が貿易摩擦を回避するための迂回投資先として，工業団地などの投資受け皿の整備が進むタイEECを選択肢の1つとする動きも続くであろう。

前述のタイ・中国ラヨーン工業区を造成しているのは，タイのアマタグループと組んだ浙江省杭州の民営企業華立集団である。同社は民営企業であるが，2000年にタイに進出するなど国際展開が進んでおり，浙江省の有望民営企業として評価されている。

デジタルのケースと同様に，中国の民営企業が，中国企業の進出の受け皿を担っていることは興味深い。なお，華率集団は公式ホームページにおいて全社員の15%にあたる1,800名が党員であり，浙江省，杭州の党委員会から先進的な党組織として評価されたことを示している[13]ことは注目される。

地方政府レベルということにはなるが，中国の政策実行において，党を通じて有望民営企業の政策実行への関与を深化させているという見方はできそうである。

第3節　ASEAN下位国のケース

(1)　資本投入が不可欠のカンボジア

ASEAN「上位中所得国」に続いて，ASEAN「下位中所得国」が，中国への関心を高める背景と，それに対する中国のアプローチについてみてみる。「下位中所得国」においては，開発のための資本不足を補ううえで中国に期待しており，なかでも中国寄りの印象が強い国としてはカンボジアが挙げられよう。同国は近年，中国との関係が経済・政治両面で深まり，同国内において中国資本の存在感が際立つようになっている。初鹿野（2018）は，「カンボジアは，同国内における中国の台頭と，カンボジア政府の強権化の双方から，中国化していると指摘されるようになっている」[14]と述べている。そこで本書では，2019年12月における筆者の現地調査[15]を踏まえてカンボジアに焦点を当てることとしたい。

実際に，近年のカンボジアにおける外国資本の対内直接投資認可額[16]をみると，中国の存在感は突出するようになっている（図6-5）。首都プノンペンでは中国資本が建設した高層ビルが目立ち（図6-6），漢字[17]の看板が随所で散見された。プノンペンから220km離れたカンボジア最大の港湾を擁するシアヌークビルでは，縫製業を中心に中国企業の集積が約200社に達し，市街地は中国人観光客を対象としたカジノホテルの建設ラッシュとなっていた（図6-7）。プノンペンからシアヌークビルまでの高速道路の建設や周辺のインフラ整備も中国企業主導で進展しており，「中国化」の一端をうかがうことができた。

カンボジアは，タイ・マレーシアとは経済発展段階が異なり，「下位中所得国」である。そのために，まずは資本投入による，港湾，道路，発電所，などの国の基幹インフラの整備が必要な情勢にある。2010年代に入って実質GDP

図6-5　カンボジアにおける外国資本の対内直接投資認可額

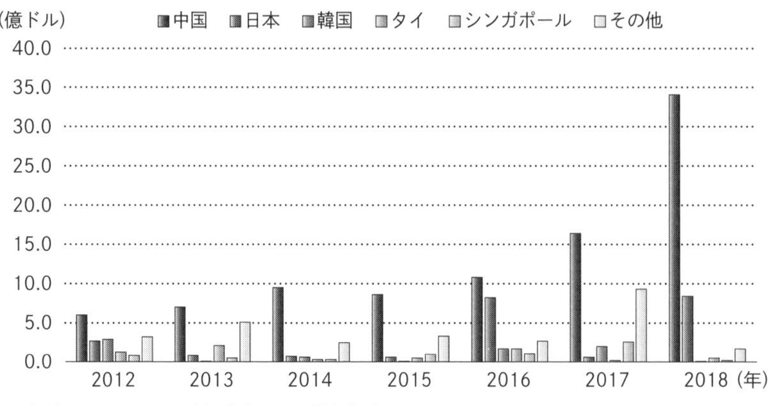

（出所）カンボジア開発評議会より，筆者作成。

図6-6　首都プノンペン

（出所）筆者撮影（2019年12月）。

図6-7　港湾都市シアヌークビル

（出所）筆者撮影（2019年12月）。

成長率が+5〜7%近傍で推移しており，ASEANのなかでも高成長の国の1つとなっている[18]が，経常収支は軽工業品の輸出を原材料や資本財の輸入が上回るために大幅な赤字であり，その赤字を埋めるためには投資資金の流入が欠かせない。当該資金によるインフラ整備，輸出振興，雇用拡大の好循環が望まれる。そのため，中国に限らず，広く世界からの投資を受け入れることが望ましいが，なぜ，中国への依存度を高めているのだろうか。

その理由として，2013年以降，フン・セン政権と欧米を中心とする国際社会との関係が悪化していることがある。フン・セン首相（当時）は，2013年に総選挙で最大野党（救国党（当時））が躍進したことから，5年後の2018年の選挙での再選が危惧されていたが，2017年に救国党に対して国家反逆の疑義があるとして解党令を出した。2018年の総選挙では与党人民党が全議席を獲得したが，この強権的な行動が人権問題を重視する欧米から非難されて関係が緊張するようになり，カンボジア政府は，内政不干渉の姿勢を貫く中国に頼るようになっている。

中国からみると，カンボジアは，「下位中所得国」や「低所得国」の多いアフリカ諸国や中南米諸国のような天然資源の豊富な国ではなく，中国による戦略的な価値は限られるように思われるが，ASEAN全体との関係を見据えると関係強化には意義があった。鈴木（2012）は，「カンボジアの中国寄りの姿勢が注目されるようになったのは，2012年に同国がASEAN議長国[19]を担った際である」[20]と指摘している。当時のASEAN外相会議や首脳会議における中国の南シナ海の海洋権益への関与を巡る対応で，フィリピンやベトナムがASEAN全体として中国への厳しい姿勢を求めるなか，議長国カンボジアは一貫して中国寄りの姿勢を崩さず，ASEAN全体としての海洋権益に係る合意文書をまとめることができなくなった。初鹿野（2018）もまた，「カンボジアはこの頃から中国化していると認識されるようになった」と指摘している。

このように中国はASEANとの交渉上，10カ国が団結していれば難しい立場に立たされるが，ASEANが分断されていれば有利になる。中国は長年の関係深化を活用してカンボジアに中国寄りの姿勢を堅持するよう働きかけ，カンボジアもまた中国の期待に応えることで，中国からのさらなる投資資金の引き出しを求めるようになっていったと考えられる。

(2)　中国の積極関与の背景

①「一帯一路」政策の推進

中国企業が投資を急拡大するようになったのは，2010年代半ば以降のことである（前掲図6-5）。この背景には2つの要因が考えられる。

第1に中国の「一帯一路」政策の推進である。2013年に習近平国家主席は「一帯一路」政策を打ち出し，自らがカンボジアを訪問して，同国が「一帯一路」政策上の戦略的な要衝であることを明示した。その後，カンボジアは「一帯一路」の実践の場となっていく。2018年末には，カンボジア最大の水力発電所（最大出力40万kw，ダムの全長6.5km）が中国企業主導で竣工，これは国内電力の約20%を賄うことができるほどの規模である。2019年には前述したカンボジア初となる高速道路（プノンペン郊外・シアヌークビル間190km）が中国企業主導で着工され，2023年に完成予定となっている。これらの大規模インフラプロジェクトの始動が中国の投資額を押し上げたと考えられる。

習近平国家主席は，「2017年の党大会で主席に再任されて以降，周辺国外交の重心をより一層親密国に置くようになった」（在北京政府系外交シンクタンク）と指摘されている。カンボジアとの間でも，同年末にフン・セン首相（当時）と北京で会談した際，「堅固で揺るぎない中国・カンボジア運命共同体を，手を携えて築く」ことで合意している。2017年5月に北京で開催された第1

回「一帯一路」国際協力フォーラムにおいて，中国政府とカンボジア政府の重層的な協力進展が成果として発表されているが，これは両トップの意向を具体化したもので，中国の投資拡大の一因になっていると考えられる。

「一帯一路」政策の柱の1つである中国との連結性強化も実践されている。2014年には，中国企業が海外で初めて設立した航空会社として，カンボジア・バイヨン航空が設立された。2017年には，ランメイ航空，JC インターナショナル航空など中国資本の航空会社が相次いで設立され，このことにより，カンボジアと中国全土が航空網で連結されるようになった。カンボジアを訪れた中国人は，2013年の46万人から2018年には202万人へと急増して外国人全体の約3割強を占めるようになっており，これらの中国人観光客を当てにした中国資本のホテル建設も相次いでいる。

これらの中国側の動きは，中国の中央政府・国有企業の2010年代における世界金融危機終息後の「放」政策に基づいた投資とみることができよう。中国国有企業は，中央政府の「一帯一路」の実行役としての役割が期待されている。中国とカンボジアの政府間関係が「一帯一路」協力を通じて重層化したことにより，中国の国有企業は，カンボジアは投資リスクが相対的に低いと判断している。さらに，基幹インフラ分野においても，カンボジアには大型の国内企業が存在しないことから中国の国有企業が存在感を高め易く，結果的に，中国の中央政府－国有企業による産業振興モデルが，「放」政策に基づいて，そのままカンボジアに移転される様相を呈している。

② 人民元の対ドル為替レート変動の回避

第2に中国企業および個人のドル建て資産の確保である。中国の対カンボジア投資に関して，中国側とカンボジア側の双方の統計をみてみると，2013年以降，両者の乖離が大きくなっており，中国側の投資額が横ばい傾向で推移しているのに対して，カンボジア側の認可額が急増している（図6-8）。中国の対外投資は原則として当局の認可制だが，規制をかいくぐって対カンボジア投資が拡大している可能性がある。

実際に，「ここ数年，中国からの資金がカンボジアの不動産投資に向かっている」（現地エコノミスト）との声が聞かれた。この背景にあるのは人民元の

図6-8　中国とカンボジアの認可の差異

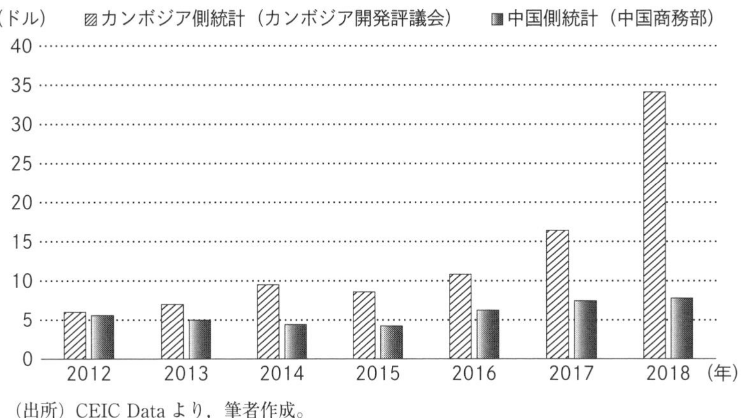

（出所）CEIC Data より，筆者作成。

図6-9　人民元の対ドル為替レート

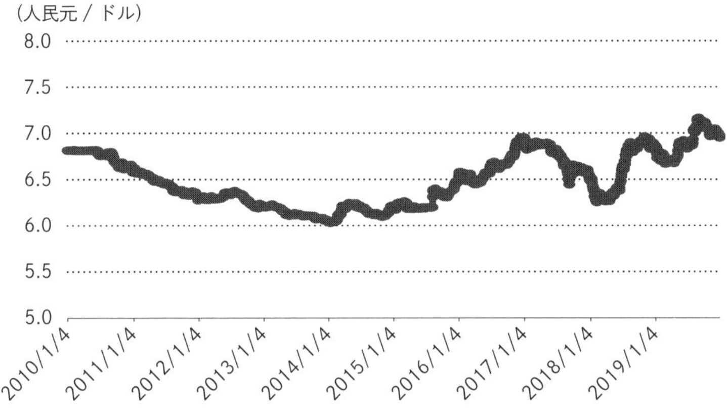

（出所）CEIC Data より，筆者作成。

対ドル為替レートの変動である。2016年以降，中国は経常収支の黒字が財輸出の鈍化と海外旅行者の急増に伴うサービス輸入の拡大で減少するようになっており，それまで対ドルで緩やかな上昇傾向にあった人民元の為替レートが弱含むようになる場面がみられ，その後も上昇と下落が繰り返されている（図6-9）。そのため，人民元の減価および変動リスクを回避すべく，人民元建てからドル建て資産への転換を急ぐ動きがあったと考えられる。カンボジアは，

1990年に国連の監視下に置かれた際に大量のドルが持ち込まれて以降，高度にドル化された経済を2023年時点でも維持している。国内はドルと自国通貨リエルの双方が流通しているが，リエルは実質的にドルペッグでドルと等価である（図6-10）。

ASEANにおいて，高度にドル化した経済は現在カンボジアのみとなっており，「中国からは，「一帯一路」のインフラ資金とドル建て資産の確保のために中国から逃避する資金の両方が入り込んでいる」（現地エコノミスト）との指摘があった。中国は，2016年以降，対外投資の規制を強化しており，不動産投資もその対象となっているが，諸規制をかいくぐって，カンボジアのドル建て資産を確保する動きが加速していると考えられる。

2010年代後半になると，中国の輸出の鈍化と，海外旅行ブームの到来によるサービス輸入の急増で，中国の経常収支の黒字が伸び悩むようになる。人民元の対ドルレートも弱含むようになり，中央政府は，企業の対外投資に関しては，選別を厳しくしている。特に投資額が相対的に大きい国有企業の対外投資は，前述の通り「一帯一路」政策に係るものであれば奨励されるが，人民元変動回避のものは規制されるようになっている。ただし，この規制をかいくぐった資金が，実質的に高度にドル化した経済のカンボジアに流入している。

大きな潮流では，「放」政策であっても，政治・経済情勢によっては，それ

図6-10　リエルの対ドル為替レート

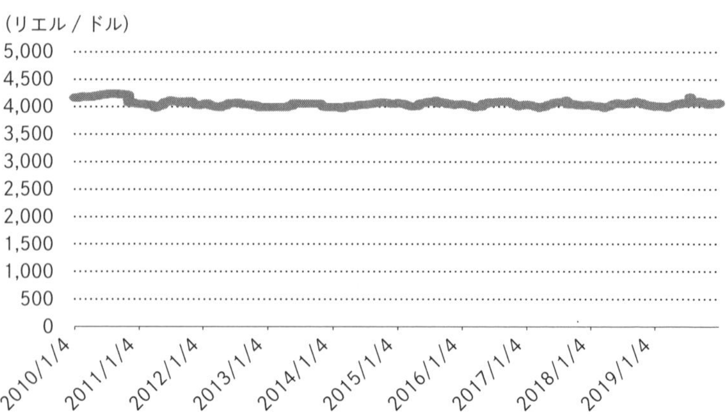

（出所）CEIC Dataより，筆者作成。

と抗う政策が時に打ち出されることがあり，政策を回避する動きもまた，カンボジアへの投資拡大に寄与している実情がうかがえる。

第4節　カンボジア・シアヌークビル開発にみる中国との協調

(1)　中国からカンボジアへの生産移管

第2章〜第4章でみたように，中国国内においては，中央政府，地方政府，国有企業の3者による産業振興が行われているが，中国国外においては，一般的には地方政府の存在感は希薄となり，中央政府と国有企業が主役となる。その様子を，前節のタイ EEC ではみてきた。そこでは，一部の有望民営企業が関与している。ところが，カンボジアにおいては，中国の地方政府が新たに関与しているケースが出てきている。新たに地方政府が関与する状況をみておきたい。

カンボジアへの中国企業の進出は，2018年以降，縫製業が増加している。背景には，同年以降，米中貿易摩擦が先鋭化していることがある。米中貿易摩擦を回避するために，縫製を中心とする中国企業が制裁対象品目のカンボジアへの生産移管を加速させた可能性がある。実際に，米国側の輸入統計をみると，2018年以降，カンボジアからの輸入が急増している（図6-11）。

図6-11　米国の対カンボジア輸入

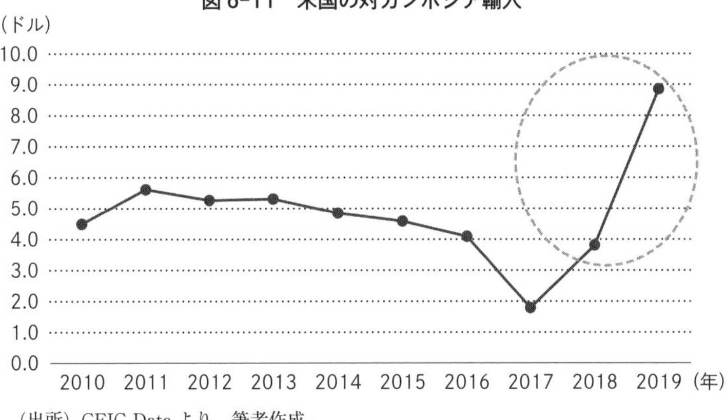

（出所）CEIC Data より，筆者作成。

図6-12　シアヌークビルSEZ

（出所）筆者撮影（2019年12月）。

中国企業の生産移管の受け皿の1つとなっているシアヌークビル経済特区（SEZ）を訪問すると（図6-12），入居企業の大宗は縫製業などの労働集約産業である様子がうかがえ，進出ニーズに応じるべくSEZ内の拡張工事が行われていた。当該SEZは，中国中央政府が対外投資の拡大を推奨した「走出去」[21]政策に沿って始まった。2008年の創設から10年超が経過しており，受入体制が一定程度整っていることも中国企業の生産移管を促す一因になっていると考えられる。

なお，SEZ内の大通りがフン・センロードと命名されていたことは，中国の投資が歓迎されていることを示唆するものであった。

(2)　中国地方政府の参画

ここで注目されるのは，シアヌークビルSEZを運営している中国企業が江蘇省の地方政府系企業であることである。同省無錫の紅豆集団は，縫製・アパレル企業であり，同社が，カンボジア企業と共にSEZの運営にあたっている。

江蘇省無錫の紅豆集団のカンボジアのシアヌークビルにおける2008年の進出は，その後，江蘇省企業のシアヌークビル州への集積を生んだ。前述の通り2018年以降の米中貿易摩擦の先鋭化がその追い風となっている。この成功を受けて江蘇省はカンボジアへの関与を深めるようになっている。2018年には，中国の江蘇省とカンボジアのシアヌークビル州は覚書を締結して，姉妹省・州となっている。地方政府系企業が開発を主導，その後，それに便乗する形で，地方政府も関与を深めた形である。

江蘇省政府の外交事務副局長の黄锡强氏（当時）は，「江蘇省の投資家は，2008年にSEZを設立した。今回の投資はカンボジアに経済発展をもたらしている中国の貢献の一環で，北京の「一帯一路」への戦略的繋がりを与えるものだ。工場が約200棟あるシアヌークビルSEZの成功は，「一帯一路」での経済や貿易，投資で中国とカンボジアが蜜月関係にあることを示した。SEZの工場は2万人以上のカンボジア人に雇用を与えている」[22]としている。

そのうえで，「江蘇省は主にシアヌークビル州の縫製業や輸出関連企業，さらにベッド数が200床の中小病院や，州内の主要な病院で提供される人道的医療への支援などに投資する。物理的なインフラや工場だけに投資をするだけではカンボジアは豊かにならず，技術力を向上させ，職業訓練を改善する必要がある。江蘇省は，様々な分野の教育を受けられるようカンボジアの生徒に奨学金を給付し，能力開発のために研修活動による定期的な交流を企画する」としており，医療・教育分野への支援を進めていることを強調している。

さらに，「江蘇省は中国全土の面積のうちの1%，人口の6%以下であるが，中国の年間GDPの10%以上を占めている。江蘇省は戦略的に重要な土地や，非鉄金属，粘土，建材，レアメタルなどの大量の鉱物資源を（カンボジアで）開発している。これまでに133種の鉱物資源が発見され，65種は量産が見込まれている」ともしており，天然資源分野では協調深化が進展していると述べている。

このように2008年の地方政府系企業の進出が1つの契機となり，その後，地方政府系企業の集積が徐々に進んだが，2013年の「一帯一路」政策や，2018年からの米中貿易摩擦の先鋭化を受けて，地方政府が本格的に医療・教育支援に乗り出し，加えて，土地，労働力といった生産要素や，天然資源の確保にも乗り出して，江蘇省とシアヌークビル州の関係を重層化させている。江蘇省のこのような動きは，まだ緒に就いたばかりではあるが，2019年12月の現地調査の時点で，病院や学校が既に創立されている様子は確認できた。

ASEANにおいて，これまでは，中国の中央政府と国有企業が主体であり，第2節のタイEECでみたように，デジタル分野や工業団地開発では有望民営企業が台頭しているが，地方政府の存在感は希薄であった。カンボジアはASEANにおいて，中国の親密国として知られるようになっており，前述の通り2017年に最大野党に解党命令を出して以降は，カンボジアは，内政不干渉のスタンスを続ける中国との一層の親密傾向を強めている。これらの情勢を総合的に勘案して，中国の一部の地方政府がカンボジアへの関与を深めてきたと考えられる。シアヌークビルにおいて，江蘇省企業の進出，さらにその集積が現地の雇用・輸出振興に寄与していることは確かであり，江蘇省側も米中貿易摩擦の先鋭化で自省内の軽工業の輸出環境が悪化するなかで，シアヌークビル州と重層的な関係を構築しつつ，江蘇省企業が安定的に進出できる受け皿を第三国に確保し，地元企業を支援しようという意向がうかがえる。

中国の地方政府は，第4章でみたように，中国国内では土地財政によって財源を確保してきた。カンボジアにおいては，土地の外国人の所有は制限されており，同じ手法をそのままは導入できない。しかしながら，カンボジアにおいて，土地の収用は中央政府にのみ認められており[23]，カンボジア中央政府，およびその意向を組んだ地方政府と協調すれば，中国の地方政府がカンボジアにおいて土地財政に間接的に関与することは可能である。間接的に得られた土地財政収入の一部を，教育・医療などに還元すれば，結果的に，産業振興と生活水準の引き上げに寄与することになる。

他方で，中国からの資金流入が過剰になると，経済規模の矮小なカンボジアの不動産価格がそれによって急騰することになり，逆に，流出すれば急落もある。実際に，シアヌークビルではその弊害もみられる。カンボジアのシアヌークビルは，中国の地方政府の重層関係が構築されていることがメリットとすれば，中国の地方政府の投資資金に地元経済が左右されるようになることがリスクということになる。

第5節　中国モデルに葛藤するASEAN

(1)　ASEANで高まる中国の存在感

ここで，ASEANにおける中国の影響力を，シンガポールの政府系シンクタンクであるISEASがASEANの政府関係者やシンクタンクに対して行った広域アンケート調査[24]からみてみる。

ASEANに最も経済的な影響を与えている国・地域として，ASEAN，中国，米国，日本，EU，インド，ロシアから選択を求めたところ，ASEAN全10カ国において中国が最多回答となり，突出する結果となった。最も回答率が高いのがカンボジアの88.5％で，タイの86.5％が続いた（以下，ブルネイ85.5％，ミャンマー84.9％，シンガポール81.1％，マレーシア78.5％，ラオス78.3％，インドネシア77.0％，ベトナム76.3％，フィリピン61.3％）。

中国は，ASEANにおいては，日米欧，さらに地域のASEANを上回る，圧倒的な存在となっていると受け止められていることになり，とりわけ，地理的に中国に近いメコン地域の「下位中所得国」であるカンボジア，同じくメコン地域の「上位中所得国」のタイではその傾向が強くなっている。中国とは海洋権益問題を抱えているベトナム・フィリピンは，ASEAN域内では中国という回答率は低いものの，中国がその他の国と比べれば，圧倒的な存在であることには変わりはない。

結果的に，「上位中所得国」は，中所得国の罠回避のために「インダストリー4.0」政策や，高速交通網・電子商取引網などの開発パートナーとして，「下位中所得国」は，表面的には内政不干渉の資本の出し手として，中国は第一の選択肢になっている様子がうかがえる。

(2)　中国の中央政府と国有企業の関係の影響を受けるASEAN

一方で，中国の影響が過度に高まることには懸念もあるようである。歓迎か懸念かを問うと，ASEANや米国においては，大宗の国において歓迎の回答が過半[25]であるが，中国は逆に，すべての国で懸念の回答が過半となっている。カンボジアは懸念の回答率はASEAN諸国で最も低いものの，懸念の回答率は歓迎を上回っており，タイにおいては，懸念の回答率が相当程度に高くなっている。既に中国の存在感が高いが故に，それに左右されることを懸念している様子がうかがえる。

中央政府と国有企業の関係が「放」政策となる際，中国の影響力はより高まることとなる。第3章でみたように，2010年代に，国有企業は国有資産監督管理委員会の主導下で大型化した。その結果，規模はもはやフォーチュン・グローバル500社の5分の1以上を占めるようになるなど，事業リスクテイク力は向上している。このことが，2010年代後半からのASEANにおける中国の影響力拡大に寄与していることになる。第3節でみたタイEECにおける中国国有企業の積極姿勢はその証左であろう。第4節では，中国とカンボジアが重層的な関係を構築して，カンボジアが中国への依存を高めている様子もみてきた。

他方で，中国政府は，2010年代後半から，自国の経常収支の黒字の減少を懸念するようになっており，中国からの外貨流出を警戒するようになっている。そのため，国有企業に対する大型対外投資の認可を厳格化している。このように仔細にみると，部分的には「放」政策と矛盾する政策も散見される。中国国有企業は，人民元の対ドルレート安を回避するために規制をかいくぐって人民元を早期にドル建て資産に換えておこうとしたり，第4節でみたように，高度にドル化が進んだカンボジアでは，矛盾する政策によって，中国からの資金流入が行われている様子を確認した。このように，ASEAN諸国は，中国の中央政府と国有企業の関係に左右されるようになっており，そのことが，対中警戒感を強めている主因であろう。

(3)　中国の中央政府と地方政府関係の影響も受けるASEAN

中国国内であれば，第5章でみたように地方政府が産業振興の一役を担うことができる。農地の収用権を擁し，その土地を開発用に供給し，さらに土地供給で得た土地財政を有効に活用して，外資を戦略活用しながら企業誘致を進めることができた。ASEANの場合，この役割を誰が担うのかという課題が残っている。

中国国内で行えた中央政府，地方政府，国有企業の3者による重点産業政策の実行は，ASEANにおいては中央政府，国有企業の2者が中心となる状況は今後も続こう。中国の中央政府や国有企業が，ASEAN政府の代替役を担うとすれば，開発資金を融資という形で供給することになる。その結果，ASEAN諸国の対中債務は膨らむことになる。既に，ASEAN諸国のなかでも相対的に経済規模が矮小なラオスやカンボジアは，過剰な対中債務を抱えているという疑念や，貸手である中国に対しては，先方が返済できないことを認識しながら融資しており，当初から，担保となる海外の資産を占有化することが目的ではないかという国際的な懸念が高まっている。

そのようななか，中国の地方政府が，新たに ASEAN に関与する動きが局地的にはみられるようになっている。中央政府は，シアヌークビル SEZ に代表される中国企業の海外展開上の受け皿となる工業団地を「海外経済貿易合作区」として周辺国に構築するように促しているが，その実行を担っているのは，一部に民営企業もあるが傾向としては地方政府系企業が多く（表6-2），そこに地方政府が関与する形態をカンボジアでは確認できた。

ASEAN において土地が国有であったり，土地収用が政府の専管事項となっている国であれば，中国の地方政府との親和性を見出し易いことを勘案すると，旧社会主義国が多いメコン地域においては，中国の地方政府の関与が深化する可能性は高い。「海外経済貿易合作区」などの局地が経済圏へと発展することで，中国の地方政府が積極的に関与する余地は大きいと考えられる。シアヌークビルおよび周辺においては，江蘇省に加えて同省に隣接する浙江省の企業の集積も進んでいた。中国国内の近隣省は，競合関係という面もあるが，経済的には1つの地域経済圏を構築していることが多いために産業構造が似通っていることが少なくない。結果的に，一地方政府の ASEAN への関与が，当該地方政府の周辺の経済圏の ASEAN への関与につながることになろう。

表 6-2　ASEAN における海外経済貿易合作区

国	海外経済貿易合作区中国企業	中国企業
カンボジア	シアヌークビル経済特区	江蘇太湖カンボジア国際経済合作区投資有限公司（江蘇紅豆集団などの合作）
ラオス	ラオスサイセター総合開発区	雲南省海外投資有限公司
タイ	泰中ラヨーン工業園	華立産業集団有限公司
ベトナム	ベトナム竜江工業園	前江投資管理有限公司
インドネシア	中国・インドネシア経済貿易合作区	広西農墾集団有限公司
インドネシア	中国・インドネシア総合産業園区青山園区	上海鼎信投資集団有限公司
インドネシア	中国・インドネシア聚竜農業産業合作区	天津聚竜集団

（出所）中国商務部 http://fec.mofcom.gov.cn/article/jwjmhzq/article01.shtml（2023年6月8日アクセス）参照。

中国の地方政府は，人口規模でASEAN諸国に比肩するうえ，傘下に地方政府系企業，地方政府系銀行を擁している。そのため，産業振興のみならず，教育，医療，天然資源開発など，ASEAN諸国と重層的な関係を構築して，関与を深めるだけの経済力を擁しており，今後，合作区という「点」が，周辺を含めた「面」になる形で，影響力を徐々に増していくものと考えられる。

注

1　酒向（2019b）p. 10参照。

2　本書では，シンガポール，ブルネイ，ラオスを除いて議論を進めた。

3　インドネシアは，世界銀行の定義では「上位中所得国」に区分されるが，マレーシア・タイとの乖離が大きいことから，本書では第2集団とした。

4　政府による人口抑制・公衆衛生の梃入れにより，出生率と死亡率の低下を図る政策。

5　1979年から厳格に実施され，少子高齢化の進展に伴い2015年に解除された。

6　2018年5月の第14回総選挙時の希望連盟のマニュフェストによる。

7　4.0とForwardを融合させた造語。

8　Punyaratabandhu and Swaspitchayaskun（2018）pp. 333-341参照。

9　Yeoh, Chang and Zhang（2018）pp. 298-317参照。

10　酒向（2019b）pp. 1-10参照。

11　酒向（2019a）pp. 1-10参照。

12　2020年に入って，新型コロナへの対応が優先されて，大型インフラの対応は劣後するようになっており，プロジェクトの進展は遅延している。

13　同社HP，https://www.holley.cn/party.html（2023年6月8日アクセス）参照。

14　初鹿野（2018）p. 1参照。

15　酒向（2020）pp. 1-10参照。

16　別途，カンボジア中銀も投資額を発表しているが，日本からの金額が判然としないため，カンボジア開発評議会の数値を利用した。

17　従前からASEANに居住する華人が使う繁体字ではなく中国本土で利用される簡体字。

18　2020年に関しては，新型コロナの影響で，成長率は一時的にマイナスとなっている。

19　ASEAN議長国は，年単位での輪番制となっている。

20　鈴木（2012）p. 4参照。

21　第11次五カ年計画（2006年～2010年）で初めて打ち出された。中国の経常重視の黒字が定着し，外貨準備を活用した対外投資の拡大が奨励された。

22　Khmer Times（2019年11月1日）https://www.khmertimeskh.com/545983/jiangsu-invests-heavily-in-sihanoukville/（2023年6月8日アクセス）参照。

23　2010年制定のカンボジア王国「土地収用法」第7条で規定されている。

24　出所：ISEAS “The State of South East Asia”（Survey Report 2020）。

25　ラオスにおいては，ベトナム戦争時に米軍の激しい爆撃が行われて以降，対米関係は必ずしも良好とは言い難い状態が続いている。

第7章

ASEANにおける中国の重点産業政策への日本企業の対応策

第1節　中国の「放」と「収」のASEAN経済への影響は不可避

(1)　中国重視からASEAN重視にシフトする日本企業

日本企業の国際展開上の注力先は，2012年に尖閣諸島問題の顕在化によって日中関係が緊張して，中国で日本製品の不買運動が広がったことを契機に，その後はASEANとなっている（前掲図5-1）。これは，中国を回避してASEAN重視にシフトしたことを明確に示している。第5章でみたように，2010年代半ば以降，日本企業の中国への関心は持ち直しており，中央政府，地方政府，国有企業の3者による重点産業政策に呼応している様子はうかがえるが，それを回避する動きもまた広がっているといえよう。

中国においては，第2章から第4章でみたように，中央政府，地方政府，国有企業の関係に「放」と「収」のサイクルがあり，第5章でみたように「収」政策の際には外資企業の選別の趨勢が強まる。特に「収」政策の後には，国有企業の存在感が高まって，競合も激しさを増す。日本企業は，このような情勢を回避すべく，ASEANを選択していると考えられる。

(2)　ASEANの日本への期待

第6章でみたように，ASEANにおける中国の影響力は甚大になっており，影響力が大き過ぎることを懸念している。中国のASEANにおける重点産業政策は，従来主に国有企業によって実行されてきたが，新たにデジタルなどの分野では有望民営企業が参画，さらに局地的には地方政府が参画する動きも出てきている。

総じていえば，中央政府と地方政府，国有企業の間の「放」政策の際は，ASEANへの関与を拡大するが，世界経済や中国国内経済が変調をきたすと「収」政策に転じ，それと共にASEANへの関与は縮退，プロジェクトは選別され，ASEAN経済は変調を来たすことになる。

ASEAN側はこのことを十分理解しており，中国以外の第三国との関係を深化させることができれば，中国のけん制役となると考えているようである。その第三国として期待しているのが日本である。前述したISEASのアンケート調査によると，自由貿易のリーダーシップとしては日本は首位となり，国際法順守のリーダーシップではEU，米国に続いて，日本は3位，アジア太平洋域内の国・地域に限ると日本が首位となっている。ASEAN諸国は，自由貿易の堅持や国際法の順守といった国際ルール・法による透明性を求めるなかで，日本に期待している様子がうかがえる。

ASEAN「上位中所得国」は「インダストリー4.0」の連携パートナー，ASEAN「下位中所得国」は内政不干渉を基本とする資本の出し手として中国に期待しつつも，経済的な影響力が過度に高まることは警戒している。中国の影響力が高まれば高まるほど，そのけん制役もまた必要となり，その役割を日本に求めているといえよう。

(3)　「放」政策の際に，ASEANにおける日中競合のリスクは高まる

このように，日本企業は中国における事業リスクを回避し，ASEAN側も中国依存を回避したいとの思惑があることを鑑みれば，両社の思惑は一見するとwin-win関係にもみえる。

しかしながら，第6章でみたように，ASEANに影響を与える相手として中国は既に突出した存在になっており，日本企業が中国を回避してASEANに向かったとしても，中国の中央政府，国有企業との競合は避け難くなっている。さらに，局地的には中国の地方政府も関与を深める事象が出てきている。

中国の「放」と「収」政策がASEAN経済を揺るがす状況に変わりはなく，ASEANにとっては，日中を上手く競合させることができれば，中国の過度な影響力をけん制できるうえに，開発に係るより有利な条件を中国，または日本

から引き出すことが可能になると思惑していると考えられる。

日本企業は，中国事業リスクを回避してASEANを選択した場合においても，中国の関与が強まることは回避できず，その影響を受けることを前提にした対応が求められることになる。第5章でみたように，中国国内においては，中央政府－国有企業，中央政府－地方政府の関係が，「収」政策の際に，外資企業の選別が進むことによって，日本企業の事業リスクは高まると考えられる。他方で，ASEANにおいては様相は異なる。中央政府－国有企業，中央政府－地方政府の関係が「放」政策の際に，中国のASEANへの関与は強まると考えられるためである（図7-1）。その際，同業種であれば，日本企業と中国企業の競合が強まることを意味する。逆に「収」政策の際は，中国のASEANへの関与は縮退となる。そのため，日本企業と中国企業の同業種間の競合は緩和的になる。

他方で，第7章のカンボジアの事例でみたように，過度な資本流出を抑制し

図7-1　伸縮を繰り返す中央政府，地方政府，国有企業の関係

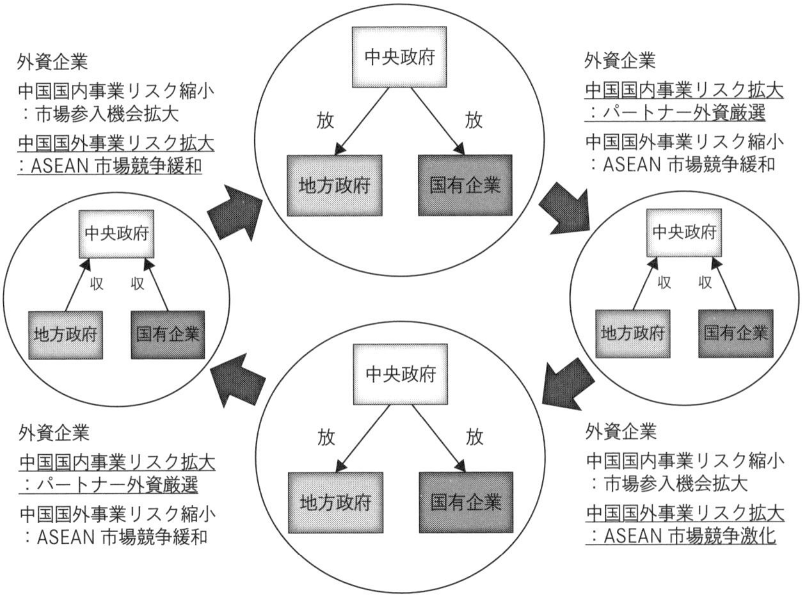

外資企業
中国国内事業リスク縮小
：市場参入機会拡大
中国国外事業リスク拡大
：ASEAN市場競争緩和

中央政府
放　放
地方政府　国有企業

外資企業
中国国内事業リスク拡大
：パートナー外資厳選
中国国外事業リスク縮小
：ASEAN市場競争緩和

中央政府
収　収
地方政府　国有企業

中央政府
収　収
地方政府　国有企業

中央政府
放　放
地方政府　国有企業

外資企業
中国国内事業リスク拡大
：パートナー外資厳選
中国国外事業リスク縮小
：ASEAN市場競争緩和

外資企業
中国国内事業リスク縮小
：市場参入機会拡大
中国国外事業リスク拡大
：ASEAN市場競争激化

（出所）筆者作成。

ようとする中国の中央政府に対して，それを回避するべく，中国企業などがASEANに資金を還流させる動きも一部みられる。「収」政策に伴う中国国内の規制・統制の強化が，それを回避する形で，近隣のASEANの金融や不動産市場を揺るがすことには留意が必要となる。

このように，ASEANにおいても，日本企業は中国と向き合わざるを得ないが，日中の競合が2010年代に大型インフラの受注など一部の分野で過熱してきた。その実情と対応策について次節で考察することとしたい。

第2節　2010年代のASEANにおけるインフラ分野における日中競合からの教訓

2010年代以降，ASEANにおいて日中が競合するケースが目立っている分野がインフラ分野である。従来，日本企業がASEANにおけるインフラ展開を先行して働きかけてきたが，中国の中央政府が2013年に「一帯一路」政策を打ち出すと，政策の実行役となった中国の国有企業と日本企業の競合は厳しさを増していった。この背景には，中国の影響力が高まるなかで，日本と競合させることで中国をけん制，かつ自国の利益を最大化しようとするASEAN側の意向が働いたことがある。

「一帯一路」の主目的の1つである広域連結性を象徴するプロジェクトである高速鉄道を例に挙げると，インドネシア，マレーシア，タイなどで日中企業の競合が続いてきた。また，中国企業は，第6章でみたように同国企業の進出の受け皿となる「海外経済貿易協力区」と称する工業団地の造成も海外において進めているが，こちらもカンボジアなどで日本企業が進める工業団地と競合している。これらの状況が何をもたらしているのかを確認[1]しておきたい。

(1)　インドネシアのケース

インドネシアにおいて，首都ジャカルタと主要都市バンドン間の約140kmを結ぶ高速鉄道計画では，日本企業の新幹線方式との競合の末，日本企業が求めたインドネシア政府の財政支出や政府保障を必要としないという条件を提示した中国企業が 2015 年に落札し，2016 年に着工した。

しかし，2012 年に制定されたインドネシアの土地収用法では，所有者と事業主体の合意形成期間に最長 583 日間が認められているため，土地収用が大幅に遅れた[2]。さらに，物価上昇により事業費が高騰し，当初計画から５億ドル増となった総事業費 60 億ドルの 75％に当たる 45 億ドルの中国政府の融資（実行するのは国有金融機関）も計画よりも遅れた。2014 年に発足したジョコ政権の大型プロジェクトとして注目され，次期大統領選挙がある 2019 年に開業予定だったが，未実現に終わった。4 年遅れの 2023 年にようやく開業となっている。

日中企業の競合下で落札するために，中国政府の意向を汲んだ中国企業はインドネシアに対し過度に譲歩した条件を提示したとみられる。その結果，プロジェクトは落札したものの，その後のプロジェクトの進捗は難航している。

(2)　マレーシアのケース

マレーシアにおいては，ナジブ政権（当時，2009 年４月〜2018 年５月）が中国政府と友好な関係を築いていた。鉄道では，開発の遅れた東海岸で敷設する計画が中国主導で進んでいた。同地域は人口が少ない地域が多いことから経済効果には疑問の声は出ていたが，2017 年８月に着工された。クアラルンプール・シンガポール間の高速鉄道は，人口規模の大きな都市間[3]を約１時間半で結ぶ計画で，こちらは高い経済効果が期待されているが，日本企業と中国企業が入札を巡って競合する状況にあった[4]。

しかしながら，2018 年５月の総選挙で，事前の与党連合有利を覆して，マハティール氏を首相候補に擁立した野党連合の希望連盟が勝利して政権交代が起きると，マハティール首相（当時）は政府債務の拡大懸念や，プロジェクトに係る中国からの労働力流入はマレーシア国内に利益をもたらさないことなどの理由から大型プロジェクトを全面的に見直し，東海岸鉄道の中止を決定[5]，高速鉄道は 2020 年５月まで凍結することにし，同年 12 月まで凍結は延期されたが，2021 年１月計画自体が撤回された。2020 年２月にマハティール氏は退陣[6]，その後，計画再開を模索する動きはあるも，高速鉄道の状況は先行き不透明となっている。

マレーシアにおける「一帯一路」は一旦後退となった。同時に，日本企業も新幹線方式の採用の働きかけを再検討せざるを得なくなっている。

(3)　タイのケース

タイにおいては，日中が高速鉄道の入札を巡って競合してきたが，バンコク首都圏一極集中の同国において，首都圏と地方の路線には採算性の点で懸念が示されてきた。それでも，タイ政府は地方振興を強く意識して，バンコク—北部チェンマイ，バンコク—東北部ノンカイの2路線を計画，東北部路線は中国企業，北部路線は日本企業と，日中双方企業が計画を進めることとなった[7]（図7-2）。

先行したのは中国企業主導の東北部路線である。隣国のラオスでは，中国とラオスを連結する高速鉄道が2016年末に着工され2021年末に開業しているが，これと将来的に接続することを視野に，2017年末に中間地点となるナコンラチャシマからバンコクまでの253kmの先端部が着工された。ただし，投資資金は当初は中国政府・タイ政府で分担する予定であったが，双方の条件が折り合わずタイ側の単独出資に切り替わったため，資金制約上[8]，ナコンラ

図7-2　メコン地域における日中競合

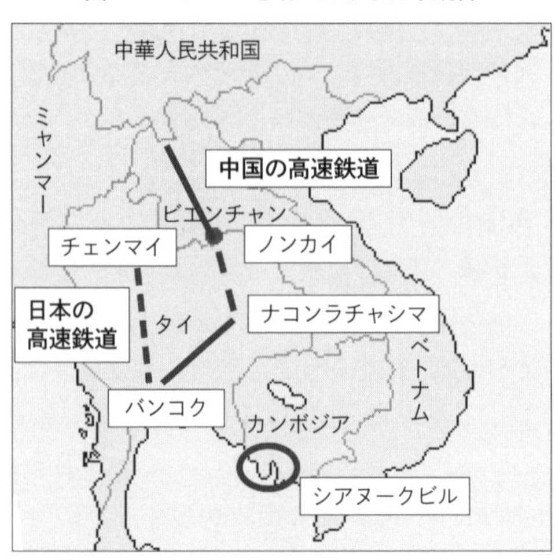

（注）実線は着工，点線は計画。
（出所）外務省地図より，筆者作成。

チャシマからラオス国境のノンカイまでの完工時期に関しては未定となっている。

(4)　カンボジアのケース

中国政府は,「一帯一路」を推進していくにあたって，前述したように「海外経済貿易協力区」を建設していく考えを示している。カンボジアにおいてこの役割を担っているのが第6章でみたシアヌークビルSEZであり，2008年に江蘇省無錫市の地方政府系企業（紅豆集団，無錫華泰集団）とカンボジアの企業（カンボジア国際投資開発集団）により開発され，既に中国企業を中心に200社超が入居している。

「一帯一路」の進展以降，このシアヌークビルSEZを新たな都市に発展させようという構想が動き始めている。2017年2月に「カンボジア・シアヌークビルSEZの産業・都市融合計画討論会」が江蘇省無錫市で開催され，中国の広東省深圳市をモデルとして，今後，入居企業を300社まで拡大するとともに，住宅や病院などの生活施設を充実させ，8〜10万人規模の都市を作り上げる方針が打ち出された[9]。その後，SEZの拡張工事は加速しており，シアヌークビルSEZは，中国とカンボジアの関係深化の象徴としても取り扱われるようになっている。さらに，シアヌークビルと首都プノンペンを結ぶ中国主導の高速鉄道も計画されている[10]。

なお，同地区で港湾の隣接地にシアヌークビル「港」SEZの開発も日本主導で進められており，2012年に完成した。2016年には，同SEZを運営するシアヌークビル港湾公社が株式を上場，その際，日本の国際協力機構（JICA）が出資し13.5%の株式を一時保有，その後日本の民営企業がその株式を取得して港湾は運営しているが[11]，隣接するシアヌークビル「港」SEZは，まだ少数の日系企業が入居するにとどまっている。シアヌークビル港（図7-2）を巡って，日中政府が隣接地域で共に投資を拡大させる形となっている。

(5)　ASEANにおける日中競合とWinner’s Curse

これまでみてきたように，2010年代の大型インフラを巡る日中企業の競合は，入札自体は中国企業が優位に進めているケースが多い。しかしながら，中国政府の意向を汲んだ中国企業は日本企業との競合を優位に進めるために大幅に譲歩した条件をASEAN諸国に対して提示しているため，建設途中で停滞したり，政権交代で宙に浮くケースも散見される。

入札を巡っては，時に「Winner's Curse（勝者の呪い）」という専門用語が使われることがある。入札時の過度な競争で，高過ぎる価格で入札してしまい結果的に失敗することを意味しているが，日中政府を巻き込んだ日中企業のASEANのインフラを巡る競合は，その一部を具現化しており，結果的にプロジェクトの頓挫リスクも高めている面があることは否定できない。

また，ASEAN側が，日中双方を意図的に競合させようとしているケースも見受けられる。前述のタイやカンボジアがその好例で，タイの場合は，日中企業を競合させたうえで，自国が最大の利益を得ることを目的としており，日中企業の競合をASEANが巧みに利用しようとしている様子もうかがえる。タイのケースについて甲斐（2017）は，「そこには原理原則よりも大国間のバランスを利用して生き延びて来たという，タイの外交的なしたたかさがある。大国に翻弄されているように見えるが，実は逆に大国を翻弄しつつ自らの利益を最大限に追求するのがタイの外交スタンスなのである」[12]と指摘している。それでも，複数のプロジェクトの並走が，当該国の財政負担など身の丈を超えたプロジェクトとなり，過剰債務や過剰投資のリスクを負う懸念は拭えない。

これらの事象は，大型のインフラ整備に関して，日－ASEAN，中－ASEANの協議の場は持たれても，日中および日中ASEANの協議の場が持たれなかったことに一因がある。まずは日中政府間が協調することで，ASEANにおけるプロジェクトの持続可能性を高めるための協調が求められる段階に入っているといえるだろう。

第3節　ASEANのインフラ分野における日中連携パターン考察

(1)　変容する日中連携のパターン

次にASEANにおける日中連携について，本書ではインフラ分野に限定して考えてみたい[13]。ASEANを含む第三国におけるインフラ分野においては，まず前提として日本政府が2017年11月に「日中協力ガイドライン」を打ち出しているため，日本企業はこれに準拠することが求められる。当該ガイドラインでは，日中協調の条件として，①インフラの開放性，②調達の透明性・公平性，③プロジェクト自体の経済性，④当事国の財政健全性に配慮，分野として，①省エネ・環境，②産業高度化（工業団地や電力基盤など），③物流（大陸横断鉄道など）が提示されている。これらのガイドラインを踏まえたうえで，以下のような3つの協力パターンが考えられる（図7-3）。

パターン①　日本企業が受注：従来型

日中第三国市場連携のパターンとしてまず挙げられるのが，日本の商社などが第三国でプロジェクトを受注し，Engineering Procurement and Construction（EPC）契約を中国のエンジニアリングメーカーと締結するケースである。全体のマネジメントは日本企業が行い，建設は中国企業が行うパターンである。

このパターンは，発電所のプラントなどで既に第三国市場連携の実績がある。今後も第三国市場連携の中核となるが，新たな日中提携のパターンとは言

図7-3　日中連携のパターン

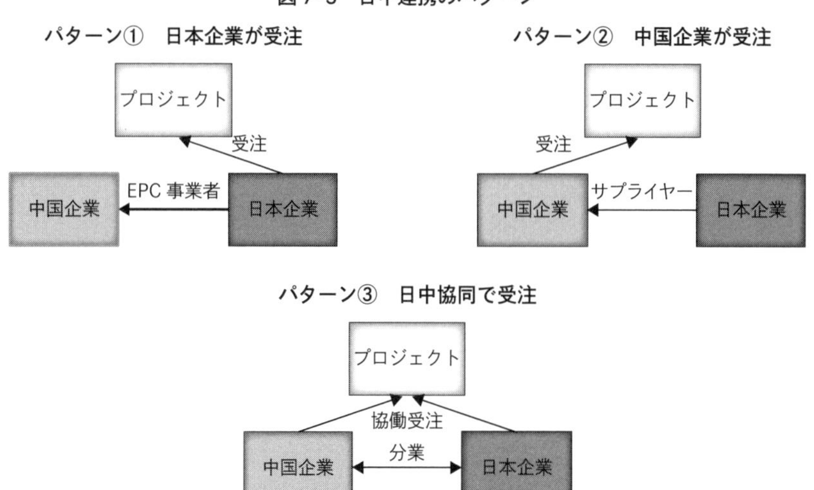

（出所）日本企業へのヒアリング（2018年11月～2019年1月）を基に，筆者作成。

い難い面もあり，さらに日本のエンジニアリングメーカーにとっては受益が限られる点で，日本企業の経済的な寄与は限定的となる。

パターン②　中国企業が受注：新規型

逆に中国企業がプロジェクトを受注して，日本企業がその企業とのEPC契約を締結したり，日本企業が中国企業のサプライヤーとなるケースが新たなパターンとして考えられるが，そのケースはまだ先行事例が極めて少ないようである[14]。

他方で，中国の一流の企業に対して，日本企業が新たにサプライヤーとなって資本財などを売り込む機会の増加は期待される。舞台を第三国市場に移しつつも，実質的には日中2国間のビジネスの延長ともいえ，今後の展開が期待される分野である。

パターン②派生型　中国のプロジェクトへの日本の部分参画：新規型

パターン②の派生型として，中国が基幹構築したプロジェクトの一部に日本が参画することも検討の余地があろう。既に，中国・欧州間の貨物鉄道輸送では，中国が構築したインフラの連結点となる地域に日本企業が中国企業と提携して物流倉庫を設置しているが，中国企業にとっても積み荷の増加によって，事業の採算性を引き下げる効果が期待できるというメリットがある。

中国－ASEAN間では，中国主導で陸海空の物流網整備が進んでいるが，相互の貨物量が多いほど損益分岐点を引き下げることになる。そこで，物流拠点となる地域に，中国企業と共に日本企業も物流倉庫を設けることで，全体の物流コストを引き下げることができる。

例えばアリババ集団に代表される中国の電子商取引（EC）企業には，中国－ASEAN間の小口物流網を新たに整備する動きがある。この商流規模を拡大すれば，物流コストの削減につながることから，日本もこの商流に参画することも一考の余地があろう。

パターン③　日中共同で受注：新規型

さらに，日本企業と中国企業の鉄道などの事業会社が共同でプロジェクトを受注することも考えられる。このケースとなることが期待されるのが，第6章でみたタイのEECで進められているプロジェクトである。タイ政府が，日中双方との連携に前向きであることから，同国の地域開発が，新たに第三国市場連携の舞台として浮上している。

(2)　タイEECにおける日中連携パターン検証

タイはASEANのなかでは工業化の進展している国であるが，第6章でみたように「上位中所得国」を脱して「高所得国」入りするためには，製造業のさらなるグレードアップが不可欠と同国政府は認識している。その実践の場としてEECを特定し，港湾・空港の拡張，バンコク首都圏までとの高速鉄道の連結などのインフラを整備し，産業高度化の起爆剤となる地域への脱皮を図ろうとしている。その際，タイが協力パートナーとして期待しているのが，関係が良好かつ経済的に親密な日本と中国となっている。

筆者は，2018年11月にEECに係るヒアリングをタイ進出済またはEECへの関心を示している日本企業に対して日本国内で行ったうえで，前述したように翌12月にはEECにおいて現地調査を行っている。その結果，「EECには，アリババ集団が物流拠点を設けるなど中国のトップティア企業の進出に対して，サプライヤーになることを志向する日本企業はある」（日系金融機関）とのことであり，前述の**パターン②「中国企業が受注（日本企業がサプライヤーとなる）」**ケースも出て来る萌芽があった。今後は，**パターン②「派生型中国のプロジェクトへの日本の部分参加」**にも発展することが十分期待し得ることが確認できた。

2018年11月にバンコク首都圏とEECを連結する高速鉄道の入札が始まったが，タイのチャロン・ポカパン（CP）グループが中核となった国際コンソーシアムに中国企業が参加するも，日本企業の参加は見送られた。日本企業の不参加の理由としては，高速鉄道が官民連携（PPP）方式となっていることが一因であった。PPP方式である以上は，完工後の採算性確保が必要条件となるため，日本企業は，乗客数が想定を下回った場合に収益が補填されるライダーシップ保障をタイ政府に度々求めたが聞き入れられなかった。「PPPではタイ政府の十分な後ろ盾が得られず，民営企業が事業を行うにはリスクが高いと判断された」という声が聞かれた。CPはコンソーシアムへの日本の政府系金融機関や政府系基金の参画も模索してきたが，日本企業の不参加により，金融機関・基金の参加も見送られた。前述の**パターン③「日中共同受注」**の課題が顕在化したといえる。ただし，「今回の日本企業の不参加は，そもそも採算性に疑義のある案件だったことが主因である。入り口でその点がクリアされれば，タイにおける日中企業連携の可能性は潜在的には大きい」（日系メディア，日本政府関係者）との声は聞かれた。

さらに，「今後，車両・信号システムなどが日本企業から調達される可能性は残っており，日中第三国市場連携の模索は続く」（日本政府関係者）とのことであり，前述の**パターン③「日中共同で受注」**から**パターン②「中国企業が受注（日本企業がサプライヤーとなる）」**への切り替えによる第三国市場連携を模索していた。また，「日中政府関係の正常化に向けた動きのなかで，中国企業から第三国市場連携をいくつか提案されているが，その連携の舞台としては，日中およびタイの政府間で呼応したEECは，投資リスクが低減されるという意味では有力な選択肢」（日系不動産）という声もあったことも付け加えておきたい。

このように前述の**パターン③「日中共同で受注」**は，①インフラの開放性，②調達の透明性・公平性，③プロジェクト自体の経済性，④当事国の財政健全性に配慮，特にタイEECエリアでは，③プロジェクト自体の経済性が大きな課題となっており，障壁が高いことが改めて明らかになったが，従来みられなかった**パターン②「中国企業が受注（日本企業がサプライヤーとなる）」**，**パターン② 派生型「中国のプロジェクトへの日本の部分参加」**への前向きな動きがうかがえたことは変化に向けた一歩といえるだろう。

第4節　求められる日本企業の戦略対応

(1)　重複を避けて差別化を図る

これまでみてきたようにASEANにおいて，中国の影響力は高まっており，特に，中央政府－地方政府，中央政府－国有企業の関係が「放」政策の際に，中国の存在感は高まることになる。そのこと自体は，ASEANの成長を加速させるという点で評価できる。中国がASEANのインフラ整備を加速させて，同地域の成長・所得水準の向上に寄与しており，そのことがASEANの投資環境の改善につながっているという認識は踏まえておく必要があろう。

日本企業としては，ASEANにおいてインフラなど一部の分野で中国と競合することは避けられないが，過度な競合は，日中双方の疲弊，さらにASEANの過剰投資・過剰債務を誘発する懸念もある。そのため，中国の力を戦略的に活用することが得策となろう。ASEANにおいて電力供給，物流面の改善が進めば，製造業の振興余地は高まろう。消費市場としても首都圏における都市開発や小売・サービス，さらにはニーズの高い教育・医療なども商圏の拡大が期待できる。中国の投資は，「一帯一路」のインフラ，観光需要の建設，不動産，伝統的な縫製，新分野のデジタルなどで顕著であり，日本企業は，中国の力を活用しつつ，中国企業と重複しない分野の投資を伸長させることが望まれる。

さらに，日本企業には，ASEANを各国単位の「点」ではなく，ASEAN地域という「面」の一角と捉えた戦略が得策となろう。ASEAN諸国は，中国の経済的な影響力が過度に高まることを警戒している。例えばカンボジアは，日本企業が集積するタイおよびベトナムに隣接している。両国における産業集積を活かした労働集約工程のカンボジアへの生産移管は伸長余地が大きい。カンボジアにとってタイおよびベトナムとの連結性強化は，中国依存のウェイトを引き下げる効用が期待し得る。日本企業がその一助を担うことは，ASEANが期待する中国を牽制する戦略パートナーとしての役割期待に資するものであろう。

(2)　「放」政策時に中国との競合，「収」政策時に中国からの政策回避の影響

ただし，中国の「放」政策と「収」政策の影響が，ASEANにも及ぶことには，留意が必要となる。

「放」政策の際は，中国の国有企業のASEAN進出が増加する。さらには，地方政府のASEAN展開も局地的には進むことになる。その結果，ASEANのインフラ整備には寄与するが，日中企業の競合は，差別化を図ったとしても，全体的には強まることになる。また，労働市場や不動産市場は，需給が引

き締まって上昇することにも留意が必要となる。

他方で，世界経済の変調や，中国国内の景気悪化によって，「収」政策に転じた場合は，ASEANにおける日中競合は緩和的となるが，中国国内の規制強化が進むと，それを回避しようとする国有企業などの資金が，中央政府の規制をかいくぐってASEANに流入し，金融市場や不動産市場を乱高下させることにも留意が必要となる。

「放」と「収」という視点でみてみると，2013年に打ち出された中国を起点にユーラシア大陸の連結性を強める「一帯一路」政策は，中国政府にとっての重点産業政策であり，国有企業に加えて有望民営企業や地方政府も一部参画する形で実施されている。この政策が続く限り，「放」政策が維持されるとの見方が根強い。

投資プロジェクトを決済通貨別でみると，中国国外への持ち出しには諸規制の多い人民元建てではなく，国際通貨で海外においても使用自由度の高いドル建てのプロジェクトが大宗とみられている。そのため中国の経常収支が黒字を維持して，ドルを主体とする高水準の外貨準備高を維持できなくなれば，対外投融資を行う余裕はなくなる。2016年以降，財輸出の鈍化や海外旅行者の増加に伴うサービス輸入の増加で黒字は減少に転じており（図7-4），2018年か

図7-4　中国の経常収支の対GDP比

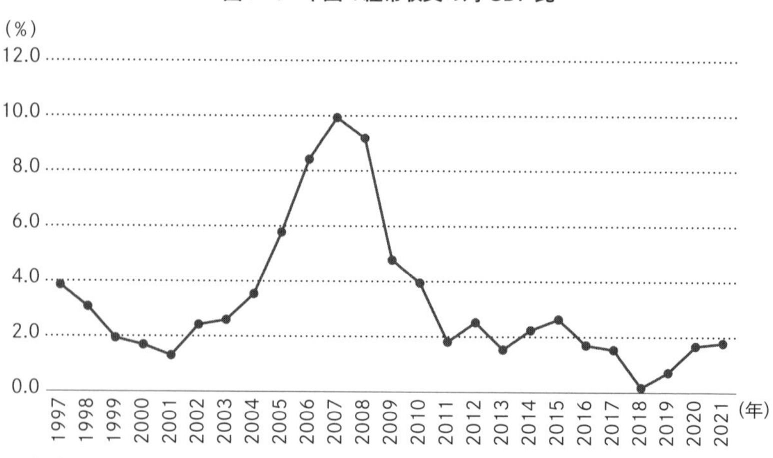

（出所）IMF “World Economic Outlook Database”（Apr.2023）より，筆者作成。

らは持ち直しているものの米中貿易摩擦は先鋭化しており，経常収支の黒字が減少すれば，「放」から「収」への変換を余儀なくされると考えられる。

他方で，前述した通り，「収」を回避する動きがASEANにも影響する点には，留意が必要となろう。

注

1　酒向（2018）pp. 1-9参照。

2　Negara and Suryadinata（2018）pp. 1-8参照。

3　首都クアラルンプールおよび周辺地域にマレーシアの全人口の約4分の1が集中している。

4　中国網「マレー半島高速鉄道の国際入札が開始　中日が激戦」（2017年12月22日）による。

5　日本経済新聞「高速鉄道計画，白紙に　マハティール首相表明　マレーシア・シンガポール間」（2018年5月28日）による。

6　2021年初めに，マレーシアとシンガポール政府は，高速鉄道の計画を財政上の理由などから撤回した。

7　日本主導の北部路線も計画が進められるも，想定していたよりも利用者が少ないとの指摘も上がっており，日中のプロジェクトが共に円滑に進むかどうかは先行き不透明となっている。

8　ラオスの高速鉄道は建設資金の3分の2を中国が負担することになっている。newsclip.be「バンコク―ナンラチャシマ高速鉄道，タイ軍政が閣議認可」（2017年7月11日）によると，タイにおいても，タイ政府は中国政府に資金負担を求めたが，条件は折り合わず，タイの単独事業となっている。

9　JETRO（2017）参照。

10　AFPBB（2017）参照。

11　公益財団法人ひろしま産業振興機（2018）参照。

12　甲斐（2017）p. 47参照。

13　酒向（2019d）参照。

14　2019年1月に複数の日系商社より，筆者ヒアリング。

第8章

中国モデルの堅持が「放」と「収」を生み出す源泉

前章までを踏まえて，第1章第2節で挙げた深耕すべき論点についての本書の結論は以下の通りである。

第1節　中央政府，地方政府，国有企業の「放」と「収」の関係の法則性

(1)　政経と官民のバランス調整が「放」と「収」が生まれる要因

中央集権体制の中国は，中央政府の権限が強く，地方政府，国有企業は，中央政府の意向に沿って産業政策を実行していると考えられているが，実際には，中央政府－地方政府，中央政府－国有企業の関係には，「放」と「収」のサイクルがある（前掲図1-2）。本書では，日本企業が中国という国家と向き合うに当たって，このサイクルを解き明かすことを目的としてきた。① 中央政府－地方政府，② 中央政府－国有企業，この2分野の関係に係る先行研究は数多いが，この2分野を融合させて俯瞰化したところに，本書の意義があると考えている。

中国においては，政治的には，中央による地方市場の統一という意味で「収」政策が是認されてきた経緯がある。経済的には，国有企業の経営効率化という意味で「放」政策が是認されるが，歴史的には政治が優先され，経済が重視されるようになったのは国有企業改革が進んだ改革開放期以降のことである。中国においては，大きな政府を是としていることから，経済主導・民営化の方向

が行き詰まると，政治主導・国営化の方向性が強まり「収」に転換することは是であるという伝統的な基盤があり，ここが民主国家とは大きく異なる。

また，中国は，官・民の混合経済[1]である。労働と商品市場は自由化されているが土地と基幹産業は国家が掌握し，さらに基幹産業の定義は時代によって変遷する。これが，中国モデルであり，民主国家のような自由化政策一辺倒ではなく，国家管理政策を是認している。

この歴史的な経緯および独特の混合経済形態から，自由化政策が失敗したと判断すれば，国家が積極的に関与することは，正当な行為とされる。「放」政策が行き詰まると，「収」政策への変換が起こることの背景には，「収」（非市場化）政策が中国においては是認されており，「放」（市場化）政策は，中国モデルの許容範囲内において認めるということでもある。この許容範囲の解釈を巡っては国際ルールとの乖離があり，米中摩擦の一因にもなっていると考えられる。

民主国家においては，一貫して「放」政策が採られていると考えることができるだろう。景気低迷時にデフォルトが起こり，その後，景気回復時に法に基づいて再生していくというプロセスが形成されている。ところが中国においては，国有企業，地方政府系企業の場合は倒産が国体に係る意味合いを持ってくる点が大きく異なる。国有企業や地方政府系企業のデフォルトの連鎖が顕在化すれば，社会不安を招き，党・中央政府への不満が燻ることになり，体制を維持するうえで，このような事態は回避しなければならないということになる。そのプロセスが，「放」政策から「収」政策への転換とみることができる。経済的な低迷の際に政治が介入する「収」への転換は，「政府の責任は無限」[2]という考え方の下で肯定されており，そこが外資企業にとっての留意点となる。

中国の「放」から「収」のプロセスは，中央政府が国有企業や地方政府の投資リスクを丸抱えすることに他ならない。民主国家からみれば，中国のこのプロセスは脆弱性を伴っているようにみえる。他方で，その直後に中央政府が国有企業や地方政府に対して，新分野については「放」政策で投資を誘導する手法は，民主国家よりも機動的であり，着実に成果を挙げてきたといえるだろう。民主国家からみれば，中国のこのプロセスは，脅威にみえるということになる。

中国国内においても，経済の立場からは市場化を主張している層が相当数おり，国有企業，さらには地方政府の裁量拡大と自己責任を認めるべきであるという意見がある。他方で，政治の立場からは，政府の責任は無限との伝統的な意見から，中央政府がリスクを負うべきだとの声は根強い。この両者をバランスよくさせようという中央政府の判断が，「放」と「収」を生み出しているといえる。

(2)「放」から「収」，「収」から「放」への転換は景気低迷期

「放」と「収」は，中長期的な視点に立つと，中央政府にとって成長維持の手法という面もある。「放」（経済）と「収」（政治）は，経済成長持続こそが中国の国家体制を支えることにつながるという，補完的な関係にあるためである。そのため，景気好調期は，中央政府は地方政府，国有企業への介入を控えて「放」政策を維持することが得策となる。他方で，外的ショックなどで景気が大きく落ち込んだ際や，自国の産業・企業の国際競争力の向上が不可欠と判断すると「収」政策に転じて，中央政府は，地方政府，国有企業に景気浮揚のための投資拡大などを要請し，再編なども主導して景気浮揚を図る。これが，「放」と「収」のサイクルを生むことになる。

1990年代は，「放」政策が持続すると日本を含めた多くの海外の中国研究者には考えられていた。「放」政策は，国有企業の民営化と，地方政府の独自の産業振興を容認する自由化促進政策であるため，日本企業を含む外資企業にとっての事業リスクは低下する。15年に亘った交渉の末に中国が2001年12月にWTOに加盟したことで，この潮流は決定的になると考えられていた。また，1994年の分税改革で財源は中央政府に移行して地方政府は税収を失うも，1998年に土地管理法が施行されたことで，農地収用の権限を得て財政は再び豊かになり，それを原資とした補助金の積極投入が地方の産業振興を推し進めることになった。中央政府が国家の税収を押さえつつ，地方政府の土地財政の拡大は容認することで地方の積極的な産業政策は続くと考えられていた。

しかしながら，2000年代に入ると，中央政府は，徐々に「収」政策に転換するようになる。2003年の国有企業監督管理委員会の発足は，その予兆であったともいえる。背景には，中央政府主導で国有企業を世界に通用するグローバ

ル企業に再編するという強い意向と，地方政府同士の競争過多による鉄鋼・化学などの重化学工業の乱立を是正し，ハイテク産業を効率的に育成しようという強い意向があった。中央政府主導の産業振興であり，これに伴って中国国有企業の技術パートナーとなる外資企業の選別もまた進んでいくこととなった。外資企業には，国有企業に技術移転を強要されるという疑義が徐々に拡がったが，それでも選別に残れば巨大な受益を期待し得ることから，中国に政策呼応すべきか否かの厳しい選択を迫られるようになっていく。

2008年以降の世界金融危機では，景気浮揚の実行役として，中央政府は地方政府，国有企業に投資拡大を求め，速やかに実行された。中央政府は，地方政府，国有企業に対して土地財政拡大の許容，プロジェクトの優先発注などの投資拡大の見返りも与えた結果，地方政府の産業振興は進展し国有企業の売上は肥大化した。2010年代半ばに入って，金融危機の影響が一段落すると，中央政府は「放」政策に転換する。国有企業の再編の結果グローバル規模に大型化した国有企業は，周辺国でも存在感を高めるようになった。地方政府は新産業では中央政府との協調を進めるようになり，さらに，周辺国への関与を深める地方政府まで一部にみられるようになっている。中央政府，地方政府，国有企業の3者による重点産業政策は，中国国内からASEANなどの周辺地域にも波及していくこととなった。

このように「放」から「収」が繰り返され，外資企業の対応は，その度に呼応か否かの判断を余儀なくされ，周辺国にも影響を及ぼすようになってきているが，「放」から「収」，「収」から「放」への転換は，第5章でみたように，政策の失敗時と景気の低迷時と重なっている。政策の失敗時は，国有企業の不効率な経営の行き詰まりや，地方政府の過当競争による疲弊など景気の低迷の予兆期と捉えることができることから，広義では景気の低迷時と捉えることができるだろう。成長維持に関して，平時は「放」が適切だが，外部ショックや，自国の産業・企業の競争力強化が必要だと判断すると「収」に転じ，外資企業の活用姿勢も，全面的活用から選択的活用に変化する。

「放」と「収」には，財政面の関連性もうかがえる。実質GDP成長率と中央政府の財政収支の状況には若干のタイムラグがあるが（図8-1），1995年から2019年までの相関係数は0.64[3]となり相関性は比較的高い。景気低迷時に

図 8-1　中国の実質 GDP 成長率・中央政府の財政収支の対 GDP 比と「放」と「収」のサイクル

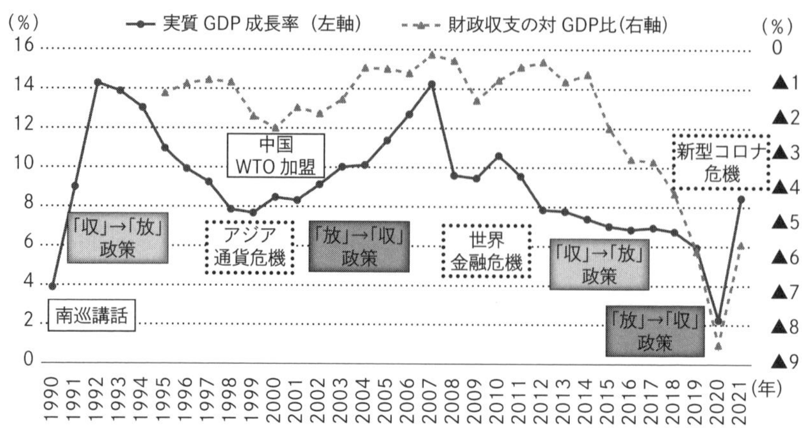

（出所）IMF “World Economic Outlook Database”（Apr.2023）より，筆者作成。

は中央政府の財政は悪化する。中央政府の財政が悪化すると，中央政府は「収」政策に転じて，地方政府や国有企業に対して，景気浮揚のための資金拠出を強く求めざるを得なくなる。中央政府は，地方政府，国有企業に対するプロジェクトの認可の緩和など様々な優遇策も用意し，地方政府は土地財政への依存を一層強めて資金を拠出し，国有企業は中央政府の後ろ盾の下，国有銀行からの借入金を増やしてでも投資を拡大する。その後，景気が回復すると，中央政府の財政は改善し，中央政府は「放」政策に転じて，地方政府，国有企業への関与を緩和するとみることができる。

(3)　「放」と「収」で産業の新陳代謝を促す

「放」と「収」には，中国国内の産業振興の新陳代謝を促す意味もあると考えられる。高い経済成長が続き，中央財政にも余裕がある情勢下では，「放」政策が続けられる。一方で，「放」政策には弊害もある。地方政府同士が産業振興の競争を図ることは，中国全体としては生産能力の過剰，その原資となっている土地財政が不動産価格の高騰などももたらす。さらに，国有企業は，外資企業の技術に依存し，独自の技術開発を積極的に進めようというモチベーションが低下する。

「放」政策が採られている間に蓄積したこれらの「歪」が，景気低迷時になると一挙に露呈する。そこで，中央政府は，景気低迷時には経済主導から政治主導に切り替えて「収」政策に転じ，地方政府と国有企業に投資拡大による景気浮揚を促すと共に，「放」政策時に広がった「歪」の解消を図るという一石二鳥の効果を狙っていると考えられる。

「収」政策の直後に，戦略分野への投資拡大に関しては「放」政策が採られ，景気浮揚後の成長分野を開拓するうえでの一助を担っていることは戦略的である。背景には，中央政府が，基幹産業において世界的な国有企業を育成しなければ，国際競争を生き残れないという危機感を持っていることがある。中央政府は，「国家の安全に係る産業」や「基幹産業とハイテク産業における中核産業」に関しては，国有経済を主体とすると定義している。

そこで，「収」政策の際に，これらの産業分野の内容を見直し，世界の情勢を踏まえて国有企業の重点投資分野を改めると共に，パートナーとなる外資企業の選別も厳格化していると考えられる。このプロセスを通じて，国有企業がさらに大型化し，ハイテク産業では，中央政府が改めてイニシアティブをとって地方政府と協調する形に是正する「放」政策に転じると考えられる。

第 2 節　中央政府，地方政府，国有企業の 3 者の政策過程・執行経路

(1)　中央政府による独自財源を持つ地方政府，国有企業の完全な管理は不可能

中国においては共産党が政府の上位にあり，党が政府を指導する体制となっているが，党と政府は事実上一体化している。このことは，党政不分[4]と言われる。実際に，中国の国家指導者は，党の役職と国家機構の役職を兼任していることが多く，2023 年時点では党の指導者である党中央常務委員 7 名の内，5 名が兼任である。中国においては，中央政府に国家主席という国政の役職がある。儀礼的な存在であった時期もあるが，1993 年以降は党総書記が国家主席を兼ねる[5]ことで，名実ともに最高指導者ポストになっており，党と中央政府の二重権力は国家レベルでは解消されているとみることもできる。

中国の体制は，国家を１つの企業にたとえると，党は企業の経営の中核を担う企画部および人事を司る人事部とみることもできる。本社は中央政府であるが，企画部・人事部がその中枢である。地方政府は，地方支店であるが，広大な国土と人口を擁するため，一地方支店といえども，傘下に巨大な生産網と販売網を擁しているといえる。国有企業は従来は中央政府の一部門から派生したり，中央政府主導で設立された企業であり，グループの中核関連企業とみることができる。中核関連企業のトップは，本社の役員出身者が務めることが多いが，実際に大型国有企業のトップは，閣僚級であることが珍しくない。

党は，５年に１度党大会を開催して党・中央政府の体制を改め，５年の期間中に，党中央委員会の全体会議を年１回程度開催して，五カ年計画などの重要な政策を決定する。具体的な政策対応は，首相，副首相などが参加する国務院常務委員会（閣議に相当）で決められ，立法化が必要なものは全人代の可決をもって進められるが，党で大枠の方針を決めた範囲内での対応となる。

党と中央政府は事実上一体化しているものの，財政に基づく産業への資金配分，それに伴う政策執行は，あくまで中央政府によって実行されている。その政策決定・法規制に，地方政府，国有企業は原則としては従うことになる。第３章でみたように国有企業は国有企業監督管理委員会が管理しているが，大型化した国有企業の関連企業数は万単位と膨大である。第４章でみたように慢性的な財政赤字の地方政府は，農地の収用による土地財政で独自に産業振興の資金を捻出している。その結果，中央政府は，地方政府や国有企業のすべてを管理・掌握することは事実上困難となる。下部組織においては「上有政策下有対策（上に政策あれば下に対策あり）」という諺がある中国において，仔細については，中央政府と地方政府，国有企業間で政策の解釈の違いも生まれてくる。

(2)　国家発展改革委員会による中央政府，地方政府，国有企業の調整

そこで，中央政府，地方政府，国有企業の３者の連携役が必要となるが，その役割を担っているのが，中央政府に属する国家発展改革委員会である（前掲図 2-5）。同委員会は，各部（日本の省庁に相当）の上位に位置付けられたマクロ政策官庁であり，地方政府，国有企業のプロジェクトの認可権を有してお

り，この認可権を活用しつつ3者間の調整を図っている。前述したように，「このような役所は，日本には存在しない。強いて例えれば，内閣府の経済政策の企画・調整機能，財務省主計局の予算調整機能，経済産業省の産業政策やエネルギー政策の策定機能，国土交通省の国家プロジェクト計画や地域開発計画の策定・事業認可の機能等を含め合わせた，経済全般にわたる総合的な企画調整機能を有する存在」[6]とされ，当委員会はミニ国務院と称されるほど，広範かつ強大な権限を擁する。

地方政府は，政府内に発展改革委員会，地方政府系企業などを擁しており，1つの経済共同体を構築している。中央政府が，地方政府，国有企業に対して行っているプロセスが，地方政府内でも行われている。このことが，地方政府が，独自の産業振興を進めるうえでの強みになっているといえるだろう。そのため，地方政府同士は競合関係になることが多く，国家発展改革委員会の調整機能には限界もある。その場合，党≒中央政府の考え方に立脚すれば，党（組織部）が地方政府幹部の人事権を握っており，中央政府の意向を汲むことによる地方政府幹部の昇進評価が，地方政府の管理に戦略的に活用されているとみられる。

第3節　中国における中央政府，地方政府，国有企業の重点産業政策への対応策

(1)　「収」政策時における日本企業の政策対応の選択

中央政府と地方政府，国有企業の関係は，本書で度々述べてきたように「放」と「収」が繰り返されている。「放」政策実施時は，中国国内においては自由化が進むことから，日本企業の事業リスクは相対的に低下する。ビジネスリスクが高まるのは，「収」政策に転じる場合であり，この場合は，中国国有企業の存在感が高まって，外資企業は選別が進み，外資企業の技術流出への懸念も高まることになる。

「収」政策に転じると，地方政府，国有企業に対する，景気浮揚や新規分野開拓のための重点産業政策の実行役としての中央政府の役割期待が高まる。そ

のために，外資企業に対しては排他的になる面が少なからず顕在化するが，外資企業には，その直後に打ち出される新分野誘導という「放」政策に沿った新たな開発パートナーになるという選択肢もある。

その際，中国の政策に外資企業が呼応すべきかどうかという議論については，2つの見解がある。1つは，中国政府が外資企業に技術移転を求める一方で，中国国内の政府調達から排除されており，その技術が国有を中心とする中国企業に使われれば，外資企業には打撃となるとの意見である。中国では既に，発電プラント，原子力産業，高速鉄道などの産業・企業が現在は海外に進出するほどに育っているが，これらの技術は，元来は外資企業が提供を求められたものがベースになっているという指摘[7]は根強い。もう1つは，外資企業のJV相手や提携先，取引先の中国企業が重点産業政策に該当する産業・企業になると，外資企業もまた，税制優遇や，政府補助金などの金融支援など，直接・間接的に様々な政府のサポートを得られるとの指摘[8]である。

両社の指摘は，一見すると正反対だが，中国の重点産業政策が公平な競争を歪めている一方，重点産業内に入り込むことができれば高いリターンを得られる機会があり，外資企業は選択を迫られているという対比を示しているという見方ができよう。ただし，そのパートナーとしての選択の領域は，中国が輸入代替を図りたい分野や新領域に絞り込まれ，狭まっている点には十分な留意が必要となる（前掲表5-1）。

(2)　中国の重点産業政策のゴールチェック機能の未整備

中国の中央政府，地方政府，国有企業の3者による重点産業政策に呼応する場合，外資パートナーとして選別されれば，政策執行中の事業リスクは相対的に低下すると考えられる。一方で，問題となるのは，その政策ゴールの成否である。

中国では，2000年代までは2桁の高い実質経済成長率が続き，生産能力を高めても，最終的には需要が拡大して，需給は一定程度は改善したが，2010年代に実質経済成長率が+6～7%に低下すると，生産能力過剰が深刻な問題となった。そのため，政策ゴールを見据え，その時点の中国国内の需要がどうなるのかを慎重に見極める必要が出てこよう。

中央政府は，地方政府と国有企業の動静を注視しており，国家発展改革委員会が仲介に入って諸々の調整を行い，必要に応じて「放」から「収」政策に転じて，企業の破たんや債務の膨張を防ごうとしており，このことは外資企業にも一定の安心感を与えているという見方ができよう。

他方で，中央政府の政策対応や一旦設定した政策ゴールのチェック機能となると，心許ないのが実情である。デフォルト，倒産を防ぐ行為は，前述したように中央政府が投資リスクを丸抱えすることにもつながる。重点産業政策のゴールをチェックする機能は，中央政府への批判を行い難い体制において，未整備であることは留意が必要であろう。

中国は，ハイテク産業の振興を進めているが，特定分野では米国との技術覇権につながっていることから，米国は，中国への技術移転に対して警戒感を強めつつある（前掲表 1-1）。前述したように，「収」政策時においても，輸入代替推進分野は，日本企業が戦略パートナーに選定されやすい分野であるが，次世代情報産業技術などは，米国が超党派で対中技術移転を控えるように圧力を強めている。このことが，中国のゴール到達上の新たな障壁となり，日本企業にとっては，米中摩擦が先鋭化している分野においては，対米配慮のうえでの対中政策呼応が不可欠となる点にも留意が必要となる。

第 4 節　ASEAN における中国の重点産業政策への対応策

(1)　「放」政策の際の留意事項

日本企業には，中国を回避して，海外展開先として ASEAN を選択する動きもあるが，ASEAN において中国の影響力は甚大になっている。ASEAN は，地理的に中国に隣接していることもあり，その影響を完全に避けることは困難であるが，「放」と「収」のサイクルを踏まえることで，対応は可能である。

中国において中央政府が地方政府，国有企業に対して「収」政策に転じた際は，ASEAN における影響力は全体としては低下すると考えられる。特に，輸出環境の悪化などで経常収支の黒字が減少すれば，中国国有企業，中国地方政府の勢いは減退することになる（前掲図 7-4）。その際は，ASEAN においては，日本企業は中国企業との競合が緩和することになり，国際法の順守，自由貿易のリーダーシップ面で日本企業への期待が高まることになろう。

他方で，「放」政策時には，留意が必要となる。インフラ分野では中国国有企業，デジタルなどの新分野では中国有望民営企業の存在感が増し，海外経済貿易合作区（経済特区）の設置を通じて，局地的には地方政府もASEANへの関与を深める動きが強まるためである。中国国内においては，「放」政策の際は，外資パートナー企業として日本企業への期待が高まり事業環境は改善するが，ASEANにおいては，「放」政策に基づいて，海外進出を図る中国との競合が厳しさを増すことになる。

つまり，中国国内とASEANでは逆相関となる。日本企業にとって「放」政策の際は，中国国内の事業環境は中国企業との競争緩和で改善するが，ASEANにおける事業環境は中国企業との競争激化で悪化する。「収」政策の際は，中国の事業環境は競争激化で悪化するが，ASEANにおける事業環境は競争緩和で改善することになる。（図8-2）。

図8-2　「放」と「収」をめぐる中国国内とASEANにおける日本企業の事業環境

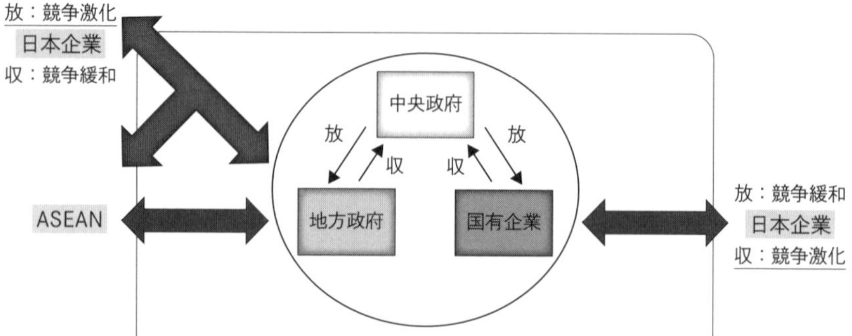

	金融危機以前	金融危機以降	手法
重点産業政策 ①	輸出振興	内需拡大	高速交通網整備，電子商取引網整備
重点産業政策 ②	先進国重視	新興国重視	周辺国向けインフラ輸出
重点産業政策 ③	重厚長大産業育成	ハイテク産業育成	重点10大産業特定

（出所）筆者作成。

(2)　特定分野における中国との競合から中国の力の活用段階への移行

インフラ分野など特定分野においては，2010 年代に ASEAN における日中競合が激化した。ASEAN 側が，意図的に日中を競合させて，利得の最大化を図ろうとしたことが，競合を加速させた面もある。その結果は，必ずしも望ましいものとはなっていない。日本側の ASEAN へのアプローチは，国際法の準拠など国際ルールに基づいたものであり，事業の採算性，持続性を十分加味したものであった，結果的に，日本に対抗すべく，過剰に譲歩した条件を提示した中国主導のプロジェクトが頓挫したり，日中競合が複数のプロジェクトの並走を招き，ASEAN における過剰投資や過剰債務につながる懸念も一部で顕在化した。

この教訓からは，日中間には一定の協調が求められ，日中 ASEAN の 3 者の協調がより望ましいという示唆が得られる。中国国内における「放」政策の際に ASEAN における日中競合は高まり，「収」政策の際に ASEAN における日中競合が緩和される面はあるが，ASEAN において，最大の貿易相手先である中国の経済的な影響力が高い状況に変わりはない。そのため，中国の力を時に活用し，競争回避のために部分的に協調することも必要であろう。

中国の ASEAN へのアプローチは，重点産業政策の実行役である国有企業はインフラ分野，有望民営企業はデジタル分野，地方政府は局地的な工業団地開発および地域軽工業の ASEAN 進出支援などが主体となっている。ASEAN の「下位中所得国」は，資本流入が不可欠な状況であり，中国の関与は，インフラ整備，産業振興，雇用拡大につながる。そのため，基本的に資本流入が続くことは望ましい。中国がデジタル分野も含めてインフラ整備を行うならば，そのインフラを日本企業は活用することで，さらなる産業振興・雇用拡大への寄与が期待し得る。他方で，「下位中所得国」は，過度に中国の存在感が高まることは望んでおらず，対外貿易・対内直接投資拠出先の多角化を所望している。その点では，日本企業が，日本と ASEAN の連結性を強めていくことは，ASEAN にとっても望ましい。また，日本企業はタイに集積しており，タイからメコンの「下位中所得国」への分散投資を進めることが，結果的に ASEAN 域内貿易の強化にもつながることになろう。

「上位中所得国」の場合は，「インダストリー 4.0」政策の開発パートナーを求めているが，ASEANは高速交通網やデジタル分野などで日中双方への期待があり，これまで日中の競争が過熱してきたが，事業のリスクテイク力では，グローバル大企業となった中国企業がインフラなどの特定分野では優勢になりつつある。そのため，その実践場となる特定地域の開発においては，従来みられた日本主導の開発に中国が部分的に機械・資材のベンダーとして参画するパターンを脱して，中国主導の開発に日本が部分的に機械・資材のベンダーとして参画することも一考となろう。

注

1　潘維（2009）p. 15参照。
2　李景鵬（2003）p. 17参照。
3　0.70以上で強い相関。
4　柴田・長谷川（2012）p. 20参照。
5　1993年以降は党のトップである党総書記が，政府の国家主席，党中央軍事委員会主席を兼ねており，最高指導者となっている。それ以前は，党中央軍事委員会主席であった鄧小平氏が最高指導者であった。
6　柴田・長谷川（2012）p. 79参照。
7　Hemphill and White（2013）pp. 193–212参照。
8　Prud'homme（2016）pp. 103–115参照。

結　　語

本書では，中国の中央政府，地方政府，国有企業の3者による重点産業政策を「放」と「収」という視座で，主に中国の強さに光を当ててきた。「放」すなわち経済・市場化と「収」すなわち政治・非市場化のせめぎあいが中国国内で恒常的に起こっており，好景気時は「放」が容認されるも，不景気時には「収」に転じて中央政府が，地方政府，国有企業の管理を強化して，同時に新分野への投資誘導などの新陳代謝を求めることが，「放」と「収」のサイクルを生み出している。民主国家であれば，「放」一辺倒で逆行はないが，中国においては，外的ショックや構造改革が必要だと判断されると一旦自由化すると認めた分野でも逆方向に向かうことが是認されている。ここが，民主国家と異なる中国独自の産業振興の特徴であり，五カ年計画などで指定された重点産業ではその傾向がより強い。

中国の経済規模は，2010年には世界第2位となり，2020年には早々にコロナ禍にみまわれ，その後は厳格なゼロコロナ政策が敷かれたために回復は先進国よりも遅れたが，経済規模で米国超えの世界第1位が視野に入ってきている。産業振興面においても，「放」と「収」を駆使した中国の中央政府，地方政府，国有企業による産業振興モデルは，国際ルールを巡る見解の違いから民主国家との摩擦を生みつつも堅持され，ゴールに向けた障壁は高まるも，一定の成果を挙げ続けていく可能性は高い。無論光には影がある。中央政府が最終的な投資リスクを取って国有企業のデフォルトを極力回避する動きや，地方政府の産業振興原資が土地財政に依存していることなどは，中国流の産業振興の持続可能性という点では懸念といえる。今後，国有企業のデフォルトが漸進的に増え，脱土地財政依存の動きが出てくれば，中国の産業振興の強さに陰りが出てきたように捉えられるかもしれない。しかしながら，中国が課題を克服しようとする動きとして前向きに捉えることもできそうである。

なお，中国において，インフラ，重化学工業などは，伝統的に国有企業が独占的な地位を占めてきたが，デジタル，ハイテクなどの新規分野では，国有企業が育っている訳ではない。むしろ，本書で折に触れたが，民営企業が躍進している。この有望な民営企業を，中央政府や地方政府が取り込み，「放」と「収」の潮流の中に組み込むことが，新たな課題といえるだろう。その際，党が大きな役割を果たしていると考えられる。民営企業を完全に国有化することは中国においても現実的ではないが，民営企業のトップや経営幹部を党員，さらに党幹部に招くことは，民営企業の国有化に比べれば比較的容易である。民営企業においても，中央政府の後ろ盾を得るうえでの強力なツールとして入党を希望している経営者が相当数存在している節がある。これらの有望民営企業を，中央政府，地方政府は産業振興にどのように取り込んでいくのか，また，政府部門を起源とするケースが少なくない国有企業と，有望民営企業はどのように協調していくことになるのか，この関係を把握していくことが，今後中国と向き合う日本企業にとっては重要な意味を持ってこよう。本書では国有企業，地方政府を主対象としたが，それを踏まえたうえで，中国の重点産業振興策における民営企業の役割，有望民営企業を「放」と「収」にどのように取り込んでいくのかを，残された研究課題として取り組んでいくことと致したい。

なお，「放」と「収」には，「放」≒「経済」，「収」≒「政治」という意味合いもある。このことは，為政者によって，政治色が強まる場合と経済色が強まる場合の両方があるが，前者の場合は，一時的に「収」が強まることを避けられないことを意味する。ただし，過度に「収」が強まる状況が長期間続けば，経済活動には悪影響を及ぼすことになる。したがって，いずれは「放」政策に転換せざるを得ない。これは，2023年のコロナ明けの中国で，過度な「収」政策が不動産業などの不況を招いていることなどにも通じる。本書で折りに触れてきたように，地方政府は土地財政を産業振興策の原資にしているため、過度な「収」政策は，産業振興上も重石となる。そのため，いずれ「放」政策に転じ，「放」と「収」のサイクルが継続すると考えられる。

また，本書では，主に平成期において日本企業が中国において直面した事象をベースに，政策への対応を探ってきた。平成期に日中の経済規模が逆転したことで，両国の力関係は変化した。中国市場の伸長で，同国の政策に，日本企業が適応させる必要性はより高まった。

令和期の日本企業は，平成期の中国における事象に，別の国でも直面することになるはずである。インド，インドネシアなどのアジア新興国の経済は，コロナ禍の終息により，再度，成長軌道に戻ることになるだろう。そうなると，日本国内の市場の頭打ちのため，令和期後半からポスト令和期になると，日本と経済規模で逆転が生じることは不可避であろう。アジア新興国においては，先進国へのキャッチアップと保護主義的な国内世論に配慮した各国独特の産業振興が行われている。中国においては，中央政府，地方政府，国有企業の３者が主体で，国有セクターとの向き合い方が一貫して問われてきたが，アジア新興国では，財閥，国軍などが大きな影響力を持っているケースがある。そこにも，中国の「放」と「収」に類似した各国独特の産業振興の法則性があると考えられ。本書が，それを解き明かすうえでの先行研究としての役割を担うことに資すれば幸いである。

あとがき

筆者は，平成元年に大学に入学し，平成5年に社会人となった。平成期に主に海外調査研究の部門ではあるが，アジアをメインフィールドにビジネスパーソンとしての期間の太宗を過ごしてきたことになる。そして，前述の通り令和に入り大学でアジア経済論を教える立場に転じ，アジアは平成の30年間で伸びたのになぜ日本は伸びなかったのか，これからはどうなるのか，と問われる立場になった。平成期を担った日本のビジネスパーソンの一人として，日本経済が伸長できなかった責任を痛切に感じることがある。

残念ながら，2010年に中国に抜かれて世界第2位から第3位となった日本の名目GDPの地位は，これから漸進的に下落していく可能性が高い。それでも日本が，令和の時代に存在感を持ち続けるためには，米国が最重要ではあるものの，同時並行でアジア周辺国・地域との良好な関係の維持が不可欠であり，とりわけ中国との関係は重要になるであろう。長かったコロナ禍がようやく明け，世界は日常を取り戻しつつあるが，アフターコロナの世界で中国とどう向き合うかは，より重たい課題になっている感は否めない。同国を過度に恐れず，また過大にも過小にも評価せず，等身大で理解することが肝要と考える。小職の平成期の経験が本書の形で後世に残ったことにより，中国の産業振興策を理解するうえでの一助となれば幸いである。

なお，本書の刊行は，多くの方々の支援の賜物である。栗林隆 千葉商科大学教授・大学院政策研究科委員長，小倉信次 同大学客員教授（前大学院政策研究科委員長），石山嘉英 同大学客員教授，齊藤壽彦 同大学客員教授，齋藤香里 同大学教授，江波戸順史 同大学教授，三田村智 同大学准教授の指導には深謝申し上げたい。これらの千葉商科大学大学院政策研究科の指導教官の先生方と，高田創 日本銀行政策委員会審議委員（元みずほ総合研究所チーフエコノミスト），中尾武彦 みずほリサーチ＆コンサルティング理事長（前アジア開発銀行総裁）をはじめとする旧みずほ総合研究所の上司・諸先輩・同僚，私を長らくの間応援してくれた父母，妻子に深く感謝の意を表したい。

最後に，本書の出版を引き受けていただいた文眞堂の前野眞司氏，出版を支援していただいた現所属の阪南大学には，心からの感謝を申し上げて筆を置くこととしたい。

参考文献

Andreosso-O'Callaghan, Bernadette and Gottwald, Jörn Garsten (2013), "How red is China's red Capitalism? Continuity and change in China's financial services sector during the global crisis", *Asia Pacific business review*, Vol. 19, No. 4, Taylor & Francis Group: pp. 444-460.

Chan, Sarah (2017), "The Belt and Road Initiative Implications for China and East Asian Economies", *The Copenhagen Journal of Asian Studies*, No. 35 (2): pp. 52-78.

Chen, Allen Shihlum (2018), "The Development of Cambodia-China Relation and Its Transition Under the OBOR Initiative", *The Chinese Economy*, Vol. 51, Taylor & Francis Group: pp. 370-382.

Chen, Jie and Dickson, J. Bruce (2008), "Allies of the State Democratic Support and regime Support among Chinas' Private Entrepreneurs", *The Chinese Quarterly*, 196 (Dec. 2008), Oxford Core: pp. 780-804.

Coase, Ronald and Wang, Ning (2012), *How China become Capitalist*, Palgrave Macmillan. (コース, ロナルド・王寧 (著), 栗原百代 (訳)『中国共産党と資本主義』日経 BP 社, 2013 年。)

Gopalan, Sasidaran, Rajan, S. Ramkishen and Luu, Nguyen Trieu Duong (2019), "Road to Prosperity? Determinants of FDI in China and ASEAN", *The Chinese Economy*, Vol. 52, Taylor & Francis Group: pp. 318-341.

Handley, Kyle and LiMao, Nuno (2017), "Policy Uncertainly, Trade, and Welfare: Theory and Evidence for China and the United States", *American Economic Review*, 107(9): pp. 2731-2783.

Hartman, W. Srephen and Whooley, Peter (2016), "Are China and the United States in a Competitive Zero-Sum Economic Game?", *The International Trade Journal*, Vol. 30, No. 5, Taylor & Francis Group: pp. 434-448.

Hemphill, A. Thomas and White, O. George III (2013), "China's National Champions: The Evolution of a National Industrial policy-Or a New Era of Economic Protectionism", *Thunderbird International Business Review*, Vol. 55, No. 2: pp. 193-212. https://deepblue.lib.umich.edu/bitstream/handle/2027.42/96704/21535_ftp.pdf?sequence=1&isAllowed=y (2023 年 6 月 8 日アクセス)

Herrala, Risto and Jia, Yandong (2015), "Toward State Capitalism in China?", *Asian Economic Papers*, Vol. 14, Issue 2, Earth Institute at Columbia University and the Massachusetts: pp. 163-174.

Hubbard, Paul (2016), "Where have China's state monopolies gone", *China Economic Journal*, Vol. 9, No. 1, Taylor & Francis Group: pp. 75-99.

Hurley, John, Morris, Scott and Portelance, Gailyn (2018), "Examining the Debt Implications of the Belt and Road Initiative from a Policy Perspective", *CDG Policy Paper*, No. 121. https://www.cgdev.org/sites/default/files/examining-debt-implications-belt-and-road-initiative-policy-perspective.pdf (2023年6月8日アクセス)

ISEAS (2020), "The State of South East Asia", *Survey Report*, (Jan.16.2020). https://www.iseas.edu.sg/wp-content/uploads/pdfs/TheStateofSEASurveyReport_2020.pdf (2023年6月8日アクセス)

Kaletsky, Anatole (2010), "Capitalism 4.0", *OECD Observer*, No. 279, pp. 23-24.

Khmer Times (2018), "Jiangsu invests heavily in Sihanoukville". https://www.khmertimeskh.com/545983/jiangsu-invests-heavily-in-sihanoukville/ (2023年6月8日アクセス)

Leonard, W. Joseph (1997), "On the Road to the 21st Century: The Chinese Experience", *Academy of management Excectives*, Vol. 11, No. 3, pp. 90-92.

McGregor, Richard (2010), "The Party: The Secret World of Chinas Communist Rulers", Harper. (マクレガー，リチャード（著），小谷まさ代（訳）『中国共産党―支配者たちの秘密の世界―』草思社，2011年。)

Miller, Tom (2017), *China's Asian Dream: Empire Building along the New Silk Road*, Zed Books. (ミラー，トム（著），田口未和（訳）『中国の「一帯一路」構想の真相―陸と海のシルクロード経済圏―』原書房，2018年。)

Negara, Shiwage Dharma and Suryadinata, Leo (2018), "Jakarta-Bandung High Speed Rail Project: Little Progress Many Challenges", *PERSPECTIVE*, ISSUE: No. 2, ISEAS.

Prud'homme, Dan (2016), "Forecasting Threats and Opportunities for Foreign Innovators in China's Strategic Emerging Industries: A Policy-based Analysis", *Thunderbird International Business Review*, Vol. 58, No. 2: pp. 103-115.

Punyaratabandhu, Piratorn and Swaspitchayaskun, Jiranuwat (2018), "The Political Economy of China-Thailand Development Under the One Belt One Road initiatives: Challenges and Opportunities", *The Chinese Economy*, Vol. 51, Taylor & Francis Group: pp. 333-341.

Schweinberger, Albert (2014), "State Capitalism, Entrepreneurship, and Networks: China's Rise to a Superpower", *Journal of Economic Issues*, Vol. XL VIII, No. 1, Association for Evolutionary Economics: pp. 169-180.

Smith, A. Sheila (2015), "Intimate Rivals: Japanese Domestic Politics and a Rising China", Columbia University Press. (スミス，シーラ（著），伏見岳人・佐藤悠子・玉置敦彦（訳）『日中 親愛なる宿敵―変容する日本政治と対中政策―』東京大学出版会，2018年。)

Soong, Jenn-Jaw (2018), "China's One Belt and One Road Initiatives Meets ASEAN Economic Community: Propelling and Deepening Regional Economic Integration?", *The Chinese Economy*, Vol. 51, Taylor & Francis Group: pp. 291-297.

US-China Economic and Security Review Commission (2016), "Planning for Innovation". https://www.uscc.gov/research/planning-innovation-understanding-chinas-plans-technological-energy-industrial-and-defense (2023年6月8日アクセス)

USTR (2019), "2018 Report to Congress on China's WTO Compliance". https://ustr.gov/sites/default/files/2018-USTR-Report-to-Congress-on-China% 27s-WTO-Compliance.pdf (2023年6月8日アクセス)

White House (2018), "Remarks by Vice President Pence on the Administration's Policy toward China". https://trumpwhitehouse.archives.gov/briefings-statements/remarks-vice-president-pence-administrations-policy-toward-china/ (2023年6月8日アクセス)

Yakobson, Linda and Knox, Dean (2009), "New Foreign Policy Actors in China", *SIPRI Policy Paper*, No. 26.（ヤーコブソン，リンダ・ノックス，ディーン（著），辻康吾（訳）『中国の新しい対外政策―だれがどのように決定しているのか―』岩波現代文庫，2011年。）

Yeoh, Emile Kok-Kheng, Chang, Le and Zhang, Yemo (2018), "China-Malaysia Trade, Investment, and Cooperation in the Contexts of China-ASEAN Integration and the 21st Century Maritime Silk Road Construction", *The Chinese Economy*, Vol. 51, Taylor & Francis Group: pp. 298-317.

Zhu, Ning (2016), "China's Guaranteed Bubble: How Implicit Government Support Has Propelled China's Economy While Creating Systemic Risk", McGraw-Hill Education.（朱寧（著），森山文那生（訳）『中国バブルはなぜつぶれないのか』日本経済新聞出版社，2017。）

中国製造強国建設戦略諮問委員会（2017）『中国製造2025藍皮書（2017）』中国工信出版集団。

何増科（2003）「民主化：政治発展的中国模式与道路」寧波党校学法（2004年第2期）：pp. 22-29。

金一南主編（2017）『大国戦略』中国言実出版社。

李景鵬（2003）「政府的責任和責任政府」国家行政学院報：pp. 16-19。

鄒磊（2016）『一帯一路―合作共贏的中国方式―』三聯書店（香港）。

潘維（2009）「中国模式与新加坡」東亜論文（第68期）。

潘維（2011）「世界文明与中華体制」社会観察（2011年第5期）：p. 26。

皮建才（2008）「中国政府間競争下的区域市場整合」経済研究（2008年第3期）：pp. 115-124。

羅党論・唐清泉（2007）「政府控制、銀企関係与企業担保行為研究」金融研究（2007年第3期）：pp. 151-161。

崔小花（2008）「新時代的歩伐在国資央企遍開」The Bie Bao Dao（2008年第2期）：pp. 10-12。

辛清泉・鄭国賢・楊徳明（2007）「企業集団、政府控制与投資効率」金融研究（2007年第10期）：pp. 123-142。

王紹光（2011）「走中国道路、探索中国模式、推介中国経験」社会観察（2011年第5期）：p. 26。

楊伯江（2018）『中国対日外交戦略思想与実践』社会科学文献出版社。

張維迎・栗樹和（1998）「地区間競争与中国国有企業的民営化」経済研究（1998年第12月期）：pp. 13-32。

朱可辛（2009）「国外学者対"中国模式"的研究」科学社会主義（2009年第4期）：pp. 26-29。

池田信夫（2016）「産業を指示する『官僚たちの夏』は二度と来ない」JBpress（2016.5.17）。http://jbpress.ismedia.jp/articles/-/46959（2023年6月8日アクセス）

石山嘉英（2013）『中国リスクと日本経済』日本経済評論社。

磯部靖（2019）『中国　統治のジレンマ―中央・地方政府の変容と未完の再集権―』慶應義塾大学出版会。

AFPBB（2017）「中国、カンボジア鉄道建設の覚書調印」『NEWS』（2017 年 5 月 19 日）。

大西康雄（2015）「国家発展改革委員会と産業政策―物流業政策をケースとして―」（佐々木智弘編著『変容する中国・国家発展改革委員会』アジア経済研究所）。

大野健一（2013）『産業政策のつくり方―アジアのベストプラクティスに学ぶ―』有斐閣。

加藤弘之（2013）「中国は『中国モデル』から決別できるのか」（渡辺利夫編著『ステート・キャピタリズムとしての中国―市場か政府か―』勁草書房）。

甲斐信好（2017）「タイ―クーデターの政治学と一党支配の中国―」拓殖大学海外事情研究所『海外事情』（平成 29 年 10 月号）：pp. 36-48。

梶谷懐（2016）『日本と中国経済―相互交流と衝突の 100 年―』ちくま書房。

柯隆（2018）『中国「強国復権」の条件―「一帯一路」の大望とリスク―』慶應義塾大学出版会。

河合明宣・朽木昭文（2017）『アジア産業論』放送大学教育振興会。

関志雄（2005）「中国における国有企業改革―急がれる民営化に向けての環境整備―」野村資本市場研究所『資本市場クオータリー』。http://www.nicmr.com/nicmr/report/repo/2005/2005spr16.pdf（2023 年 6 月 8 日アクセス）

胡安鋼（2016）『中国の百年目標を実現する第 13 次五カ年計画』日本僑報社。

公益財団法人ひろしま産業振興機構（2018）「カンボジア『シアヌークビル港経済特区』に JICA が出資」『海外レポート（シンガポール）』（2018 年 1 月号）。

斎藤淳子（2005）「中国の直面する土地問題―農地転用による地方開発の狭間に立つ農民―」一般財団法人土地総合研究所『土地総合研究』（第 13 巻第 1 号（2005 年冬））。http://www.lij.jp/html/jli/jli_2005/2005winter_p022.pdf（2023 年 6 月 8 日アクセス）

佐々木智弘（2015）『変容する中国・国家発展改革委員会』アジア経済研究所。

酒向浩二（2009a）「中国内陸部市場に挑む日系企業―沿海部失速の中、2 桁成長を続ける中部・武漢の投資環境を中心に―」みずほ総合研究所『みずほリポート』（2009 年 5 月 25 日）。https://www.mizuho-rt.co.jp/publication/mhri/research/pdf/report/report09-0525.pdf（2023 年 6 月 8 日アクセス）

酒向浩二（2009b）「転換期を迎えた中国経済と日本企業の中国ビジネスの行方」みずほ総合研究所『みずほリポート』（2009 年 7 月 29 日）。https://www.mizuho-rt.co.jp/publication/mhri/research/pdf/report/report09-0729.pdf（2023 年 6 月 8 日アクセス）

酒向浩二（2010）「中国企業の対外投資戦略」みずほ総合研究所『みずほリポート』（2010 年 9 月 27 日）。https://www.mizuho-rt.co.jp/publication/mhri/research/pdf/report/report10-0927.pdf（2023 年 6 月 8 日アクセス）

酒向浩二（2011）「中国新産業政策『戦略性新興産業』と日本企業の商機」みずほ総合研究所『みずほリポート』（2011 年 8 月 3 日）。https://www.mizuho-rt.co.jp/publication/mhri/research/pdf/report/report11-0803.pdf（2023 年 6 月 8 日アクセス）

酒向浩二（2012）「中国政府のサービス業振興策と外資企業への示唆」みずほ総合研究所『みずほリポート』（2012 年 8 月 2 日）。https://www.mizuho-rt.co.jp/publication/mhri/research/pdf/report/report12-0802.pdf（2023 年 6 月 8 日アクセス）

酒向浩二（2013）「新興国に矛先を向ける中国の輸出振興政策」みずほ総合研究所『みずほリ

ポート』(2013年7月31日)。https://www.mizuho-rt.co.jp/publication/mhri/research/pdf/report/report13-0731.pdf（2023年6月8日アクセス）

酒向浩二（2014）「中国の対ASEANアプローチ」みずほ総合研究所『みずほリポート』(2014年8月11日)。https://www.mizuho-rt.co.jp/publication/mhri/research/pdf/report/report14-0811.pdf（2023年6月8日アクセス）

酒向浩二（2015）「中国シンクタンクが明かす新シルクロード構想の全容」みずほ総合研究所『みずほリポート』(2015年7月22日)。https://www.mizuho-rt.co.jp/publication/mhri/research/pdf/report/report15-0722.pdf（2023年6月8日アクセス）

酒向浩二（2016）「2015年に製造強国入りを目指す中国の新製造業振興策」みずほ総合研究所『みずほリポート』(2016年6月27日)。https://www.mizuho-rt.co.jp/publication/mhri/research/pdf/report/report16-0627.pdf（2023年6月8日アクセス）

酒向浩二（2017）「拡大する中国の電子商取引がもたらす商機と課題」みずほ総合研究所『みずほリポート』(2017年7月12日)。https://www.mizuho-rt.co.jp/publication/mhri/research/pdf/report/report17-0712.pdf（2023年6月8日アクセス）

酒向浩二（2018）「中国『一帯一路』のASEAN展開」みずほ総合研究所『みずほインサイト』(2018年7月20日)。https://www.mizuho-rt.co.jp/publication/mhri/research/pdf/insight/as180720.pdf（2023年6月8日アクセス）

酒向浩二（2019a）「タイEECに積極関与する中国」みずほ総合研究所『みずほインサイト』(2019年2月18日）https://www.mizuho-rt.co.jp/publication/mhri/research/pdf/insight/as190218.pdf（2023年6月8日アクセス）

酒向浩二（2019b）「中国の景気減速・米中貿易摩擦を懸念する日本企業」みずほ総合研究所『みずほリポート』(2019年5月17日)。https://www.mizuho-rt.co.jp/publication/mhri/research/pdf/report/report19-0517.pdf（2023年6月8日アクセス）

酒向浩二（2019c）「ASEANの先頭集団タイ・マレーシアの日本企業への役割期待は何か」みずほ総合研究所『みずほインサイト』(2019年7月30日)。https://www.mizuho-rt.co.jp/publication/mhri/research/pdf/insight/as190730.pdf（2023年6月8日アクセス）

酒向浩二（2019d）「日本企業は中国との第三国市場連携をどのように進めていくべきなのか」アジア経営学会『アジア経営研究』(No. 25, 2019)：pp. 195-208。

酒向浩二（2019e）「世界金融危機以降に強まる中国の重点産業政策と外資企業の対応に関する研究」千葉商科大学『Policy Studies Review』(No. 47, 2019年9月)：pp. 3-17。

酒向浩二（2019f）「中国製造2025—製造強国入りを目指す中国の新産業振興策—」(みずほ総合研究所『経済がわかる論点50（2019)』東洋経済新報社)。

酒向浩二（2020）「カンボジアで高まる中国の存在感」みずほ総合研究所『みずほインサイト』(2020年2月10日)。https://www.mizuho-rt.co.jp/publication/mhri/research/pdf/insight/as200210.pdf（2023年6月8日アクセス）

JETRO（2017）「中国企業の海外経済貿易合作（協力）区を『一帯一路』の拠点に」『通商弘報』(2017年3月1日)。

柴田聡・長谷川貴弘（2012）『中国共産党の経済政策』講談社現代新書。

朱炎（2013）「中央企業の役割と課題」(渡辺利夫編『ステート・キャピタリズムとしての中国—市場か政府か—』勁草書房)。

末廣昭（2000）『キャッチアップ型工業化論』名古屋大学出版会。

末廣昭（2014）『新興アジア経済論―キャッチアップを超えて―』岩波書店。

鈴木早苗（2012）「南シナ海をめぐる ASEAN 諸国の対立」アジア経済研究所『アジアの出来事』（2012年7月）。https://www.ide.go.jp/Japanese/IDEsquare/Eyes/2012/RCT201204_001.html（2023年6月8日アクセス）

関辰一（2018）『中国経済成長の罠―金融危機とバランスシート不況―』日本経済新聞出版社。

園田茂人・グッドマン，S. G. デヴィッド（2018）『チャイナ・インパクト―近隣からみた「台頭」と「脅威」―』東京大学出版会。

孫根志華（2017）「中国国有企業の改革（1980～2010年）」城西国際大学『城西国際大学紀要』（第25巻第2号）：pp. 1-17。https://www.jiu.ac.jp/files/user/education/books/pdf/839-16.pdf（2023年6月8日アクセス）

高屋和子（2016）「中国の『国進民退』と『国家資本主義』」立命館大学『立命館経済』（第64巻第6号）：pp. 192-207。

高原明夫（2018）「一帯一路構造は“星座”過度な期待は禁物」東洋経済新報社『週刊東洋経済』（2018年1月27日号）：p. 110。

田中修（2011）『2011～2015年の中国経済』蒼々社。

田中修（2012）「中国の地方財政の問題」日本学術会議『アジアの大都市制度と経済成長に関する検討委員会』第7回資料（2012年7月24日）。http://www.scj.go.jp/ja/member/iinkai/daitoshi/pdf/siryo7-2.pdf（2023年6月8日アクセス）

趙英（2015）「産業政策の策定と実施における国家発展改革委員会の地位と役割」（佐々木智弘編『変容する中国・国家発展改革委員会』アジア経済研究所）。

張丙宣・任哲（2015）「分析リポート―中国の郷鎮政府は如何にして土地を掌握しているのか―」アジア経済研究所『アジ研ワールド・トレンド』（2015年9月号）：pp. 35-43。https://ir.ide.go.jp/?action=pages_view_main&active_action=repository_view_main_item_detail&item_id=39767&item_no=1&page_id=39&block_id=158（2023年6月8日アクセス）

津上俊哉（2018）「産業政策『中国製造2025』の限界」東洋経済新報社『週刊東洋経済』（2018年9月15日号）：pp. 34-35。

杜進（2011）「転換点を迎える中国の都市化」（渡辺利夫編『中国経済の成長持続性―促進要因と抑制要因の分析―』勁草書房）。

杜進（2013）「中国の分権化と国家資本主義の行方」（渡辺利夫編『ステート・キャピタリズムとしての中国―市場か政府か―』勁草書房）。

中尾武彦（2020）『アジア経済はどう変わったか―アジア開発銀行総裁日記―』中央公論新社。

日本経済新聞（2018）「高速鉄道計画、白紙に　マハティール首相表明　マレーシア・シンガポール間」（2018年5月28日）。

newsclip.be（2017）「バンコク―ナンラチャシマ高速鉄道，タイ軍政が閣議認可」（2017年7月11日）。

任哲（2012）『中国の土地政治―中央の政策と地方政府―』勁草書房。

初鹿野直美（2018）「『中国化』するカンボジア」アジア経済研究所『世界を見る眼』（2018年11月）。https://www.ide.go.jp/Japanese/IDEsquare/Eyes/2018/ISQ201820_023.html（2023年6月8日アクセス）

藤本昭（1991）「経済管理体制の地方分権化」（『中国―地域開発と地方政府の役割―』日中経済協会）。

丸川知雄（2013）「中国の国有企業―『問題』から『パワー』に転換したのか―」日本総合研究所『JRI レビュー』（Vol. 3, No. 4）：pp. 4-20。

三尾幸吉郎（2015）「中国製造 2025 と日本企業」ニッセイ基礎研究所『研究員の眼』（2015 年 4 月 13 日）。

宮本雄二（2011）『これから、中国とどう付き合うか』日本経済新聞出版社。

毛利和子（2012）「データから解析する中国共産党の変身」（菱田雅晴編著『中国共産党のサバイバル戦略』三和書籍）。

山本繁綽（1993）『日本型政策の誤算―経済摩擦解消のために―』同文館出版。

湯進（2009）『東アジアにおける二段階キャッチアップ工業化』専修大学出版局。

楊秋麗（2013）『中国大型国有企業の経営システム改革』晃洋書房。

吉川純恵（2017）『中国の大国外交への道のり―国際機関への対応をめぐって―』勁草書房。

李彦銘（2016）『日中関係と日本経済界―国交正常化から「政冷経熱」まで―』勁草書房。

渡辺利夫＋21 世紀政策研究所（2009）『中国の外資政策と日系企業』勁草書房。

渡辺利夫＋21 世紀政策研究所（2010）『国際金融危機後の中国経済―内需拡大と構造調整に向けて―』勁草書房。

渡辺利夫＋21 世紀政策研究所（2011）『中国経済の成長持続性―促進要因と抑制要因の分析―』勁草書房。

渡辺利夫＋21 世紀政策研究所（2012）『変貌する中国経済と日系企業の役割』勁草書房。

渡辺利夫＋21 世紀政策研究所（2013）『ステート・キャピタリズムとしての中国―市場か政府か―』勁草書房。

渡邊真理子（2015）「書評 How China Became Capitalist」アジア経済研究所『アジア研究』（Vol. 61, No. 2, June 2015）：pp. 69-76。

索　引

【アルファベット】

ISEAS　90, 107, 112
Winner's Curse　19, 117, 118

【ア行】

アリババ集団　93
一帯一路　89, 95, 105
インダストリー 4.0　87, 90, 107, 137

【カ行】

下位中所得国　18, 137
価格統制　11, 46, 50
家族計画政策　86
カルテル　48
共産党　23, 32, 35
クラスターダイヤモンドフレームワーク　16
現代企業制度　46
高所得国　86
高度にドル化された経済　102
コーポレートガバナンス　47, 51, 56
国務院常務委員会　24, 132
国有企業改革　45, 51
国有企業監督管理委員会　52
国家主席　24, 131
混合経済　9, 26, 127

【サ行】

財政請負　61
財政調整　42, 61
債務の罠　18, 39
産業官庁　14, 34, 35
産業投資基金　71, 84
シアヌークビル　97, 103-106, 109, 117
私有権　27
集団所有　37, 62, 65
上位中所得国　87, 121
ステークホルダー　58
ステート・キャピタリズム　8, 9
西部大開発　37, 67
政府補助金　66
世界金融危機　36, 39, 53, 65, 76, 130
戦略性新興産業　17, 29, 40
総書記　23, 24, 43

【タ行】

ターゲティング政策　15
タイ・中国ラヨーン工業区　93, 94, 96
第 12 次五カ年計画　17, 29, 30
第 13 次五カ年計画　15, 29, 40
タイ東部経済回廊開発（EEC）　90, 91-96
地方政府系企業　35, 42, 58, 69, 105, 109, 117, 133
地方政府系銀行　2, 73, 81
中央政府管轄国有企業　1
中国製造 2025　30, 40, 88, 90
中国モデル　126, 127
抓大放小　46, 47
電子商取引　18, 37, 55, 75, 85, 120
党大会　24, 30, 90, 132
特定産業生産振興臨時措置法　15, 82
土地管理法　10, 27, 65, 76, 128
土地財政　10, 19, 28, 42, 62, 66, 70, 72, 130

【ハ行】

バランスシート不況　56
フォーチュン・グローバル 500　3, 54, 108
分税制　19, 61, 66, 76
分税調整　3, 30
米中貿易摩擦　94, 103

北京五輪　37,67
放権譲利　45

【マ行】

マクロ政策官庁　34-36
未富先老　87
モデルプロジェクト　40,41

【ヤ行】

融資プラットフォーム　73,81

著者紹介

酒向　浩二（さこう　こうじ）

福岡県出身。1993 年慶應義塾大学経済学部卒業，同大学院政策・メディア研究科後期博士課程中退。2021 年千葉商科大学大学院政策研究科博士課程修了。博士（政策研究）。

1993 年第一生命保険入社後，1998 年から 2000 年まで海外トレーニーとして台北，2000 年から 2002 年まで現地法人マネージャーとして香港に勤務。2002 年に日本貿易振興機構に入構し，海外調査部課長代理として中国経済を担当。

2006 年にみずほ総合研究所（当時，現みずほリサーチ＆テクノロジーズ）に入社し，主任研究員として調査範囲を ASEAN・インドに拡大。2014 年上席主任研究員，2021 年主席エコノミスト。『全解説ミャンマー経済』（日本経済新聞出版社），『図解 ASEAN を読み解く』（東洋経済新報社）など共著多数。

博士号取得後の 2022 年に大学教員に転じ，城西国際大学大学院経営情報学研究科准教授，2023 年より阪南大学経済学部教授。専門はアジア・グローバル経済論。アジア広域にネットワークを張り巡らせ，産業界とアカデミック界との結節点を担うべく教育・研究活動を積極的に展開中。

阪南大学叢書 127
現代中国の産業振興策の推進力
──中央政府・地方政府・国有企業の政策協調──

2023 年 12 月 5 日　第 1 版第 1 刷発行　　検印省略

著　者　酒　向　浩　二

発行者　前　野　　隆

東京都新宿区早稲田鶴巻町 533
発行所　株式会社　文　眞　堂
電　話　03（3202）8480
FAX　03（3203）2638
https://www.bunshin-do.co.jp
郵便番号（162-0041）振替00120-2-96437

製作・モリモト印刷

定価はカバー裏に表示してあります
ISBN978-4-8309-5238-8 C3033